99 FEDERLEICHTE GENUSSREZEPTE

für jeden Tag

99 FEDERLEICHTE GENUSSREZEPTE

für jeden Tag

TEXT: BETTINA MATTHAEI | FOTOS: WOLFGANG SCHARDT

10 KILO

INHALT

leicht wie eine feder...

Eine Feder schwebt durch die Luft. Zart, losgelöst, nahezu schwerelos. Was für ein schönes Bild! So möchten wir uns fühlen, unbelastet und leicht. Keine Lasten, die uns zu Boden drücken, keine Turbulenzen, die uns aus der Bahn werfen.

Doch wie andere vergleichende Sinn-Bilder ist auch dieses eine schöne Illusion, und unsere Rezepte in diesem Buch können Ihnen mit Sicherheit kein sorgloses, unbeschwertes Leben schenken. Aber wir können Ihnen einen wichtigen Teil Ihres Lebens erleichtern, den Teil, den Sie tagtäglich selber beeinflussen und mitbestimmen können: bei der Wahl der Lebensmittel, die Sie zu sich nehmen, bei der richtigen Zusammenstellung und Zubereitung.

Wir essen, um zu leben. Lebensmittel sind im wahrsten Sinne des Wortes die Mittel zum Leben. Sie sind der Kraftstoff, der unseren Körper mit seinen fein aufeinander abgestimmten Funktionen am Laufen hält. Gerät einer dieser Abläufe aus dem Takt, kann das Folgen für das ganze System haben. Wir fühlen uns müde, schwer und kraftlos und in der Folge häufig unzufrieden.

Essen, das zu fett, zu süß, zu üppig und gleichzeitig zu nährstoffarm ist, raubt uns Energie – Energie, die wir stattdessen in Bewegung investieren könnten, in die Umsetzung unserer Pläne, in die Bewältigung von Problemen oder einfach in Lebensfreude.
Wir versprechen Ihnen leichte, gesunde Rezepte, die gut bekommen werden und dabei helfen, dass Sie sich körperlich unbeschwert fühlen. Sie werden vom Tisch aufstehen, ohne dass das Essen schwer im Magen liegt oder Sie müde macht. Sie sind satt und zufrieden. Sie haben gesunde Kraft getankt, Energie, die Sie positiv nutzen werden.

»Leicht« heißt bei uns auch flexibel. Wir haben keine starren Kalorien- und Nährwertgrenzen pro Tag festgelegt, denn jeder Mensch ist anders und braucht individuell andere Mengen. Jeder Mensch fühlt sich auch von Tag zu Tag anders. Mal wird mehr Energie gebraucht, dann wieder weniger. Mit unserem Buch kann sich jeder »seine« Rezepte für den Tag zusammenstellen. Ganz nach Geschmack, Typus, Tagesrhythmus und Tagesform.

»Leicht« heißt auch: leicht zu machen. Unsere Rezepte sind einfach nachzukochen, viele sind sogar im Handumdrehen fertig. Damit wird es für Sie leichter, sich jederzeit gut zu ernähren.
Mittags geben gesunde Kohlenhydrate Kraft und Ausdauer für den weiteren Tag. Abends sorgen eiweißhaltige Gerichte mit Fisch, Fleisch und Tofu zusammen mit Gemüse oder Salaten für Bekömmlichkeit und unbeschwerte Nachtruhe.

Und damit das in jeder Jahreszeit klappt, beginnen beide Hauptkapitel mit typischen Frühlingsrezepten, gefolgt von sommerlichen, herbstlichen und winterlichen Rezepten, wobei auch ein Sommerrrezept durchaus in den Herbst passen kann.
In einem dritten Kapitel gibt es verschiedene leichte Kleinigkeiten, die sich als Frühstück, Lunch oder Snack zwischendurch eignen.

Wir wünschen Ihnen guten Appetit, gesunden Genuss und jederzeit ein angenehm leichtes Wohlgefühl!

LEICHT & GESUND

Gesund genießen liegt im Trend. Worauf es dabei ankommt, steht auf den nächsten Seiten. Sämtliche Empfehlungen und Tricks lassen sich leicht umsetzen. Und alle 99 Genießer-Gerichte im anschließenden Rezeptteil sind aus frischen Zutaten abwechslungsreich komponiert. So ist das Genießen und eventuell das Abnehmen oder Gewichthalten ein Kinderspiel.

leicht – nicht »light«

Gesund und leicht. Alle reden davon, aber was heißt das wirklich? Viele bunt verpackte Produkte versprechen mehr Gesundheit durch ein Extraplus an Vitaminen, Kalzium oder Ballaststoffen. Oder sie werben mit dem Begriff »light« um Kunden.

»Light« klingt gut, ist aber leider kein geschützter Begriff. »30 % weniger« bedeutet noch lange nicht, dass dieses Produkt wirklich leicht ist, wenn das Vergleichsprodukt beispielsweise viel Fett oder sehr viel Zucker enthält. Auch der Hinweis »kalorienreduziert« soll den gesundheitsbewussten Kunden zum Kaufen ermuntern, doch spielt sich die tatsächliche Einsparung an Kalorien oft im marginalen Bereich ab. Solche und ähnliche Hinweise bedeuten also nicht, dass dieses Produkt wirklich leicht ist. Trotzdem wirken manche Lockangebote zunächst verführerisch: Salami gibt es mit nur 150 Kalorien oder Leberwurst mit nur 120 Kalorien. Der winzig klein gedruckte Hinweis, dass es sich dabei nur um eine Portionsgröße von 25 oder 30 Gramm handelt, kann aber sehr leicht übersehen werden.

Ein Joghurt oder eine Quarkcreme mit 0,1 % Fett ist dann wirklich »leichter « als normaler Joghurt oder Quark, aber oft schmeckt er unangenehm wässrig oder dumpf, weil er mit Wasser und Bindemitteln gestreckt wurde.

Was alles so drinsteckt...

Im Zweifel hilft ein Blick auf die Zutatenliste weiter. Je klarer und überschaubarer die Liste ist, je weniger Zutaten wie Süßungsmittel, Verdickungsmittel, Farb- und Konservierungsstoffe oder »naturidentische« Aromen sie enthält – desto besser!

Ein bekannter Koch hat einmal gesagt: »Ich mag nichts, wo viel draufsteht«. Ein wunderbar simpler Satz, der wirklich hilft bei der Suche nach guten Produkten. Linsen aus der Dose, die sonst nur Wasser enthält: prima! Tomatenmark, das nur aus Tomaten und etwas Salz besteht: wunderbar! Essig aus Most vergoren oder natürlich gebraute Sojasauce: bestens! Solche Fertigprodukte sind nützlich, wenn es in der Küche schnell gehen soll und absolut bedenkenlos.

Appetit oder Hunger?

Bei den ständigen Verlockungen, die uns umgeben und begegnen, wissen wir manchmal gar nicht, ob wir Hunger haben oder »nur« Appetit. Mit unseren federleichten Rezepten wollen wir helfen, wieder »normal« zu essen, mit Gerichten aus frischen, gesunden Zutaten, die uns satt und zufrieden machen. Dann können uns auch die bunten Verführer nicht mehr so viel anhaben, und Appetit wird wieder das, wofür die Natur ihn erfunden hat: ein Signal des Körpers, dass uns ein bestimmtes Lebensmittel oder ein Nährstoff gerade jetzt gut tun würde.

Wir können wählen!

Wie haben sich Menschen vor nur 100 oder 200 Jahren ernährt? Da gab es wenige oder keine industriell hergestellten Produkte mit langen Zutatenlisten. Obst und Gemüse kamen aus dem Garten oder vom Markt. Die Eier aus dem Hühnerstall, die Kräuter aus dem Garten oder von der Wiese. Fleisch gab es meist nur am Sonntag und Süßigkeiten waren eine Rarität. Innerhalb weniger Generationen ist aus einem überschaubaren Angebot eine gigantische Industrie geworden. Fertigprodukte in unendlicher Vielfalt. Prak-

1 Dosentomaten – eine gute Lycopinquelle und praktisch für die schnelle leichte Küche

2 Kartoffeln, am besten frisch gegart, haben den Federleicht-Vorteil gegenüber Pommes frites

tisch und verführerisch. Aber nicht immer gesund. Und schon gar nicht leicht und bekömmlich.
Denn für viele der künstlichen Inhaltsstoffe ist der menschliche Organismus nicht geplant. So schnell, wie sich die Industrie entwickelt, können wir uns genetisch nicht anpassen.

Natürlich können wir uns nicht aus dem modernen Leben ausschließen. Doch wir können auswählen, was wir essen. Selbst gekocht statt aufgewärmter Fertigprodukte. Viel frisches Obst und Gemüse. Naturjoghurt mit Obst statt gesüßter, mit Stickstoff »fluffig« aufgeschlagener Jogurt-Frucht-Cremes. Frisches mageres Fleisch statt fertig marinierter Grillsteaks. Sanft gegarter Fisch statt panierter Stäbchen. Schinken statt Wurst mit vielen unbekannten Zutaten und versteckten Fetten. »Richtige« Kartoffeln statt Fritten oder Flocken aus der Tüte. Wasser, Tee oder Apfelschorle statt süßer Limonaden. Alles so weit wie nur möglich unbehandelt.

Unsere 99 federleichten Rezepte sind ein guter Einstieg in eine dauerhafte, gesunde Ernährung. Man merkt schnell, wie gut es schmeckt, wie gut es tut.

1

2

großzügig und geizig

Auch wer gewohnt ist, eher große Portionen zu essen, wird mit unseren gesunden, federleichten Rezepten satt werden. Mit Gemüse und Salat sind wir sehr großzügig. Wer mag, kann die Mengen in den Rezepten nach Wunsch erhöhen. Auch Obst, wenn es nicht allzu süß ist, ist erlaubt. Nur bei der Verteilung von Öl und Butter und Zucker sind wir geizig.

Zunächst ist es vielleicht ungewohntt, doch nach kurzer Zeit lässt das Verlangen nach süßen, fetten und künstlichen Nahrungsmitteln nach. Die gesunden Portionen an Kohlenhydraten im Mittagessen halten lange satt und lassen Heißhunger gar nicht erst aufkommen. Und wenn es doch passiert, sind unsere kleinen Snacks und Drinks eine Superalternative zu Süßigkeiten oder Fastfood-Imbiss.

Optik & Genuss

Genuss ist wichtig. Dazu gehört, dass wir uns genug Zeit nehmen. Ein hübsch gedeckter Tisch und ein appetitlich angerichteter Teller werten unser Essen auf. Wir essen etwas Gutes und wir tun uns damit etwas Gutes. Was mit Sorgfalt und guten Zutaten gekocht wurde, sollte nicht in wenigen Minuten hastig gegessen werden. Ein wenig Respekt hat unser Essen verdient. Dazu verlängert langsames Essen den Genuss, macht das Essen besser bekömmlich und lässt uns früher spüren, wann wir satt sind. Was bleibt, ist Zufriedenheit und ein gutes Gefühl im Bauch.

Leichte Volumen-Tricks

Nicht immer klappt es mit den guten Vorsätzen, manchmal ist der Hunger einfach zu groß, oder wir denken nicht daran, was wirklich gut für uns ist.

Unsere federleichten Rezepte haben deshalb eingebaute Tricks, die uns helfen, langsamer zu essen, gesünder satt zu werden und uns nach dem Essen einfach besser zu fühlen: Risotto-, Couscous- und Pastagerichte sind zum Beispiel sehr kompakte Angelegenheiten. Sie bieten wenig Widerstand beim Kauen und sind deshalb schnell verspeist. Dann liegen sie, besonders in Verbindung mit Käse oder Sahne, lange und schwer im Magen.

Ein federleichtes Risotto sieht auf den ersten Blick genauso üppig aus wie der mächtige Klassiker. Aber im Reis ist beispielsweise fein gewürfelter Staudensellerie versteckt. Der bringt uns dazu, gründlich zu kauen und lässt die Portion dazu schön voluminös aussehen, obwohl er nur verschwindend wenige Kalorien enthält.

Ähnlich trickreich kommen unsere Reisbandnudeln (Seite 46) daher, die mit Zucchini gemischt eine erfreulich große Portion ergeben, und das bei sparsamer Kalorienbilanz. Der Kartoffelstampf (Seite 32) wird mit Gurken leicht und wunderbar frisch, und der Quark zu den jungen Kartoffeln enthält knackige Apfelstückchen.

Nüsse, die kleinen Kraftpakete

Dass Nüsse unglaublich gesund sind, ist bekannt. Dass sie ziemlich viel Fett enthalten ebenfalls. Kein Grund, auf sie zu verzichten. In kleiner Menge und ohne zusätzliches Öl geröstet, bringen sie gesunden Geschmack an die Gerichte und sorgen ebenfalls dafür, dass wir gründlicher kauen!

1 Nüsse sind In kleinen Mengen fein als Snack

2 Täglich reichlich trinken fällt leicht bei der großen Auswahl von feinen Teesorten

Gesundheit & Geschmack

Frische Kräuter und duftende Gewürze sind mehr als geschmackliche Zutaten und optisches Beiwerk. Sie enthalten eine Vielzahl ätherischer Öle und sekundärer Pflanzenstoffe, die unsere Mahlzeiten besser verdaulich machen: So sind Thymian, Rosmarin und Minze besonders günstig für die Fettverdauung, ebenso wie Kurkuma, das die Gallenfunktion unterstützt. Und scharfe Gewürze bringen insgesamt den Stoffwechsel auf Trab und fördern damit die Verbrennung. Kräuter und Gewürze sind damit die perfekte Ergänzung für Gesundheit und Genuss.

Federleicht trinken

Es gibt viele Studien zum Thema Trinken. Vor exzessivem Vieltrinken wird ebenso gewarnt, wie vor zu geringer Trinkmenge. Zwischen 1 1/2 und 2 Litern sollte sich die tägliche Aufnahme bewegen – und möglichst aus Wasser oder Tee bestehen. Wem das einmal zu eintönig wird, der findet im dritten Kapitel abwechslungsreiche, federleichte Kreationen.

1

2

1
2
3
4

schön bunt und gesund!

Erntefrisch enthält Gemüse einen Nährstoffcocktail aus sekundären Pflanzenstoffen, Vitaminen und Mineralstoffen, komplexen Kohlenhydraten und Ballaststoffen. Da lohnt es sich täglich dreimal kräftig zuzugreifen!

1 Hülsenfrüchte

Sie erobern derzeit die Gourmetszene, besonders geschätzt werden die feinen Linsensorten wie Beluga-, du Puy- oder Berglinsen. Sie sind reich an pflanzlichem Eiweiß. Und kombiniert mit anderen pflanzlichen oder tierischen Eiweißlieferanten wird ihre Eiweißqualität aufgebessert. Deshalb ruhig ein- bis zweimal pro Woche eine Portion Hülsenfrüchte auf den Speisezettel setzen. Jede Portion liefert nicht nur Eiweiß fürs Gehirn, auch Kalium zum Entwässern und Magnesium für die Muskeln und Nerven. Eisen versorgt die Zellen mit Sauerstoff und Ballaststoffe halten den Darm in Schwung.

Getrocknete Hülsenfrüchte müssen mehrere Stunden in Wasser eingeweicht werden – nur bei Linsen können Sie darauf verzichten. Salz und Säure verhindern die Wasseraufnahme beim Kochen, die Hülsenfrüchte bleiben hart. Darum erst nach etwa zwei Drittel der Garzeit salzen und zum Schluss säuern. Linsen sind ohne Einweichen bereits nach 20–30 Minuten gar, geschälte rote Linsen sogar schon nach 10 Minuten. Wer es noch eiliger hat, nimmt Kidneybohnen, Kichererbsen und Linsen aus der Dose. Sie sollten allerdings pur und ohne Zusatzstoffe konserviert sein.

Essig oder Zitronensaft, Kräuter und Gewürze wie Basilikum, Bohnenkraut, Ingwer, Curry, Nelken, und Majoran machen Hülsenfrüchte bekömmlicher. Für Abwechslung auf dem Teller sorgen Erbsen, Zuckerschoten und grüne Bohnen. Letztere sollten Sie auf keinen Fall roh essen, sie enthalten giftiges Phasin, das beim Kochen zerstört wird.

2 Brokkoli & andere Kohlsorten

Kalorisch gesehen, gehören Brokkoli, Blumenkohl, Rosenkohl, Weißkohl, Rotkohl und andere zu den federleichten Gemüsesorten. 100 g enthalten je nach Sorte 20–30 Kalorien. Doch Kohl hat noch mehr zu bieten – Vitamin E und Folsäure und sekundäre Pflanzenstoffe wie Glucosinolate, Carotinoide, Phenolsäuren und Flavonoide. Bei regelmäßigem Kohlgenuss beugen sie Krebs vor.

Zarter **Brokkoli** und **Blumenkohl**, blanchiert oder bissfest gegart, lassen sich vielseitig zubereiten. Andere Kohlsorten werden bekömmlicher, wenn sie mit Kümmel, Cumin, Dill, Paprikapulver oder Fenchel abgeschmeckt werden.

3 Kürbis & Co.

Alle zur Familie der Kürbisgewächse zählenden Gemüse enthalten viele Ballast- und sekundäre Pflanzenstoffe und sind erfreulich kalorienarm! Der gelborange Kürbis mit seinem hohen Gehalt an Carotinoiden stärkt das Immunsystem. Die Carotinoide sind hitzebeständig, daher schadet Kochen ihnen kaum.

Kürbisse müssen geschält werden, nur der Hokkaido-Kürbis nicht. Wie Zucchini und Gurke sind sie ideal für die schnelle Küche. Alle lassen sich asiatisch-scharf, zitronig-mediterran oder süßsauer zubereiten. Sie schmecken gekocht, geschmort, gedünstet, püriert oder eingelegt und eignen sich für Gebäck ebenso wie für pikante und süße Gerichte.

4 Spinat & andere Blattgemüse

Grünes Blattgemüse wie Spinat, Mangold oder Pak Choi haben einen hohen Anteil an Folsäure, Ballaststoffen und pflanzlichem Eisen, sind kalorienarm und so eine gesunde Abwechslung.

Spinat enthält reichlich Beta-Carotin (Provitamin A), das sehr effektiv freie Radikale abwehrt und somit Krebs vorbeugen kann. Seine B-Vitamine besänftigen die Nerven und schärfen den Geist. Sein Kalium entwässert und Magnesium aktiviert Muskeln und Nerven. Frisch und vom Biobauern ist er am besten. Langes Aufbewahren bekommt ihm jedoch nicht. Tiefgefrorener Spinat ist immer eine gute Wahl und eine prima Reserve im Gefrierfach.

schön bunt und gesund

1 Tomaten & Paprika

Die beliebteste Gemüsesorte der Welt, die Tomate, ist eigentlich eine Frucht, weil sie botanisch zu den Beeren gehört. Die rote, orangefarbene oder gelbe Farbe von Tomaten und Paprika deutet auf einen hohen Anteil an Carotinoiden hin. Am bekanntesten ist das Beta-Carotin, aus dem der Körper teilweise das fettlösliche Vitamin A bildet.

Tomaten – die saftigen kleinen und großen roten – sind prallvoll mit gesunden Pflanzenstoffen. Spitzenreiter unter ihren Inhaltsstoffen ist das zellschützende Lycopin, ein weiteres Carotinoid. Es senkt den Cholesterinspiegel und schützt vor Herz- und Krebserkrankungen.

Am besten schmecken sonnengereifte Tomaten roh. Doch Tomaten sind wie Paprikaschoten auch eingelegt, geschmort, gefüllt, als cremige Suppe oder Sauce ein Genuss. Weil das Lycopin beim Erhitzen nicht zerstört wird, sind Tomatenmark, Dosentomaten, Tomatensaft oder getrocknete Tomaten ebenfalls eine gute Lycopinquelle – ein Grund mehr, sie frisch oder verarbeitet öfter zu genießen!

2 Wurzelgemüse

In dieser Gruppe versammeln sich viele Gemüsesorten, zum Beispiel Pastinaken, Topinambur, Kartoffeln und Möhren. Sie speichern in Knollen oder Wurzeln lebenswichtige Vitamine, Mineralstoffe und Spurenelemente wie Kalium, Kalzium, Phosphor oder Magnesium.

Mehr als jedes andere Gemüse enthalten **Möhren** so viel Beta-Carotin, das in seiner wirksamen Form den Stoffwechsel aktiviert, das Sehvermögen stärkt und für eine schöne Haut sorgt. Damit das unwirksame Beta-Carotin in wirksames Vitamin A überführt werden kann, wird unter anderem das Vitamin E als Partner gebraucht. Egal, ob Sie Möhren dämpfen, marinieren oder als Rohkost zubereiten, geben Sie deshalb immer ein Löffelchen bestes Pflanzenöl dazu.

Obst – täglich erlaubt!

Genießen Sie Obst jeden Tag! Am besten zwei Portionen oder zwei Hände voll! Kaufen Sie es entsprechend der Jahreszeit und aus Ihrer Region. Obst hat viele Vorteile: einen hohen Wasseranteil und damit wenig Kalorien. Es macht angenehm satt und versorgt Sie mit Ballaststoffen, sekundären Pflanzenstoffen und Vitaminen. Besonders reife Früchte wie Äpfel, Birnen, Kirschen oder Aprikosen schmecken sehr süß und stillen zwischendurch Ihren Appetit auf etwas Süßes.

3 Beeren

Zur großen Gruppe der kultivierten und wild wachsenden Früchte gehören Blaubeeren, Erdbeeren, Himbeeren, Brombeeren und Johannisbeeren. Während des Reifeprozesses bilden diese Früchte sekundäre Pflanzenstoffe, zum Beispiel Anthocyane, um sich selbst zu schützen. Rotblaues Obst enthält besonders viel von diesem Farbstoff. Er strafft das Bindegewebe und macht schön.

Blaubeeren und andere Beeren schmecken frisch gepflückt und pur am allerbesten. Als Federleicht-Zutat lassen sie sich im Sommer frisch und im Winter tiefgefroren vielseitig verwenden: für fruchtige Desserts, püriert in Joghurt und Quark oder als Powerdrink zum Frühstück.

4 Zitrusfüchte

Orangen, Zitronen, Limetten, Grapefruits und Kumquats sind beliebte Vertreter. Hochsaison haben sie, wenn das heimische Angebot knapper wird. Sie sind prallvoll mit Vitamin C, das belebt, vor Erkältungen schützt und die Verwertung von pflanzlichem Eisen unterstützt.

Orangen bringen Sonne in die dunkle Jahreszeit! Neben Vitamin C enthalten sie B-Vitamine, vor allem das für Haut und Haare wichtige Biotin und Folsäure für die Blutbildung. Filetiert passen sie in einen Fruchtsalat, frisch gepresst kann ein Glas auch mal eine Obstportion ersetzen.

1
2
3
4

1
2
3
4
5

konzentrierte vielseiter

Kräuter und Gewürze mit ihren ätherischen Ölen, Harzen und Bitterstoffen steigern das Wohlbefinden, wirken positiv auf die Verdauung und sorgen für den besonderen aromatischen Kick.

1 Gewürze Cumin, Kurkuma, Zimt, Muskatnuss oder Macis enthalten unterschiedliche Biostoffe. Kurkuma hilft bei der Fettverdauung, Cumin gegen Blähungen. Zimt senkt Blutzucker und Appetit. Antiseptisch wirken Muskatnuss und Macis. **Ingwer** schmeckt zitronig-frisch und ist beißend scharf. Ingwerwasser in kleinen Schlucken getrunken ist wärmend und anregend zugleich. Ingwer ist ein natürlicher Fatburner, weil die Inhaltsstoffe Gingerol und Shogaol Stoffwechsel, Kreislauf und Verdauung ankurbeln. Der Umgang mit frischem Ingwer ist ganz einfach: schälen, dann reiben, würfeln oder in Scheiben schneiden. So passt er zu Wokgerichten oder würzigen Currys.

2 Pfeffer & Chili sind konzentrierte Scharfmacher, wärmen und beleben von innen, wirken antibakteriell, kurbeln den Stoffwechsel an und fördern Verdauung und Fettverbrennung. Grüner Pfeffer ist unreifer vakuumgetrockneter oder in Salzlake eingelegter Pfeffer, der nicht so scharf wie schwarzer oder weißer Pfeffer ist. Harrissa ist eine nordafrikanische scharfe Würzpaste. Wasabi ist scharf wie Meerrettich und als Paste oder Pulver zum Anrühren im Handel.
Frische Chilischoten gibt es in Rot und Grün. Unreife grüne Chilis sind etwas milder als reife, rote Schoten. Und getrocknet sind Chilis oft schärfer als frische. Vorsicht bei der Verarbeitung in der Küche! Die Schärfe steckt in den Trennwänden und Kernen. Nach dem Putzen und Schneiden immer gleich die Hände waschen. Wenn der Rachen einmal zu sehr brennt – ein Löffel kühler Joghurt hilft.

3 Kräuter Viele Kräuter erkennen Sie am Duft: Ein bisschen reiben an den Blättern genügt. Ursache dafür sind ätherische Öle. Thymian und Rosmarin riechen etwas harzig, geben mediterranen Gerichten einen kräftigen Geschmack und dürfen mitgekocht werden. Basilikum ist frisch verwendet schön würzig im Geschmack. Kerbel schmeckt etwas nach Anis und am besten ganz frisch.
Minze kaufen Sie als fertige Pflanzen im Topf für einen halbschattigen Platz. Beste Erntezeit ist im Juni kurz vor der Blüte. Minze frisch über fertige Gerichte streuen oder nur ganz kurz miterhitzen. Ihr fein-frischer Geschmack passt zu federleichten Salaten, Lamm, Kartoffeln und Hülsenfrüchten.

4 Nüsse & Samen Mit ihrem hohen Anteil an einfach und mehrfach ungesättigten Fettsäuren, pflanzlichem Eiweiß, Vitaminen, Mineralstoffen, Ballaststoffen und sekundären Pflanzenstoffen sind sie ideal zur Ergänzung von vegetarischen Gerichten. Der hohe Fettanteil macht sie kalorienreich (600–700 kcal/100 g), genießen Sie deshalb beides nur in kleinen Mengen! Geröstet schmecken sie im Müsli, auf Salat oder in Gemüsegerichten. **Walnüsse** sind nährstoffreich und spenden wertvolle Omega-3-Fettsäuren, die der Körper selbst nicht bilden kann. Wer regelmäßig kleine Portionen isst, bekommt eine glatte und weiche Haut.

5 Wertvolle Öle Pflanzliche Öle sind gesünder als tierische Fette, weil sie einfach und mehrfach ungesättigte Fettsäuren enthalten, die Fettstoffwechsel und Blutdruck positiv beeinflussen. Sehr wertvoll sind kalt gepresste, nicht raffinierte Öle. Rapsöl enthält noch Omega-3-Fettsäuren. Ob Distel-, Raps- oder Sonnenblumenöl, alle liefern die fettlöslichen Vitamine A und E, sind aber Kalorienbomben. Verwenden Sie diese Öle am besten nur tee- oder esslöffelweise.
Olivenöl ist reich an einfach ungesättigten Fettsäuren. Im Handel gibt es diverse Qualitäten. »Natives Olivenöl extra« ist das hochwertigste. Es ist kalt gepresst und optimal für Salat. Raffiniertes, neutrales Olivenöl ist hitzestabil und gut zum Braten.

1
4
2
3

eiweiß als baumaterial

Fleisch versorgt Sie mit hochwertigem tierischen Eiweiß, B-Vitaminen und den Mineralstoffen Eisen, Selen, Mangan und Zink. Gleichzeitig enthält es aber auch unerwünschte Begleitstoffe wie Fett, Cholesterin und Purine.

1 Fleisch & Geflügel Rote und weiße Fleischsorten liefern wertvolles tierisches Eiweiß (gut für die Muskeln), dazu B-Vitamine, Zink, Niacin und Selen. Rotes Fleisch enthält in der Regel mehr Fett und mehr gesättigte Fettsäuren, deshalb sollten Sie es nicht zu häufig servieren. Ihrer Gesundheit zuliebe sollten Sie sich nur alle zwei bis drei Tage eine Fleischportion gönnen. Zu einer federleichten Küche passen gut magere rote und weiße Fleischsorten wie Lamm- und Rinderfilet, Schweinemedaillons, Minutensteaks, Putenschnitzel und Hähnchenbrustfilets. Wer nicht nur auf seine Gesundheit achtet, sondern auch auf Geschmack und Umwelt, kauft Bio-Fleisch und bereitet es fettarm im Wok oder in der beschichteten Pfanne zu – immer in Begleitung von frischem Gemüse oder viel Salat.

Putenschnitzel oder Hähnchenbrustfilet sind ohne Haut besonders fettarm und enthalten kaum gesättigte Fettsäuren. Da das meiste Fett direkt unter der Haut steckt, entfernen Sie die Haut vor dem Kurzbraten, Dünsten oder Dämpfen. Geschnetzelt, gewürfelt oder am Stück und zusammen mit zartem Gemüse der Saison gegart, werden aus Schnitzel und Filet ganz schnell federleichte Gerichte.

2 Fisch & Meeresfrüchte Sie sind ebenfalls ideale Lieferanten von hochwertigem, leicht verdaulichem tierischem Eiweiß, lebenswichtigen Omega-3-Fettsäuren und vielen essenziellen Aminosäuren – das sind die Muskelbausteine. Wer jede Woche zwei Mahlzeiten mit Seefisch einplant, tankt zusätzlich noch die Vitamine A und D sowie Jod für die Schilddrüse.

Lachs gehört zwar zu den Fettfischen, doch in kleinen Mengen genossen überwiegen die Vorteile seiner Fettsäuren. Im Handel wird meist Zuchtlachs angeboten. Wählen Sie möglichst Bio-Ware. Noch besser ist Wildlachs, er ist fettärmer und schmeckt besser.

3 Milch- & Milchprodukte In Milch und Milchprodukten wie Quark, Joghurt, Kefir, Buttermilch, Frischkäse, Mozzarella, Feta, Harzer Käse stecken leicht verdauliches tierisches Eiweiß, die Vitamine A, B_2 und B_{12} und reichlich Kalzium für die Knochen. Der Fettgehalt von Milch und Milchprodukten kann stark variieren, achten Sie deshalb bei der Auswahl darauf. Es wird Ihnen gut tun, wenn Sie sich jeden Tag drei bis vier fettarme Portionen gönnen – entweder als Ergänzung zur Hauptmahlzeit oder mit Obst kombiniert als Sattmacher für zwischendurch.

4 Tofu Der aus Sojamilch gewonnene pflanzliche »Käse« ist leicht und bekömmlich, kalorienarm, cholesterinfrei und reich an hochwertigem pflanzlichem Eiweiß. Tofu können Sie dämpfen, braten und grillen oder in Scheiben aufs Brot legen. Im Angebot sind verschiedene Sorten: fester Tofu im Block, weicher Seidentofu und auch mit Gemüse, Kräutern oder Nüssen gewürzter Tofu. Probieren Sie aus, welcher Ihnen am besten schmeckt. Ungewürzter Tofu sollte beim Zubereiten kräftig gewürzt oder vorher mariniert werden.

M

FEDERLEICHTES FÜR MITTAGS

In der zweiten Tageshälfte brauchen wir Ausdauer und Kraft. Dabei helfen die Rezepte für ausgewogene Mahlzeiten in diesem Kapitel.
Quer durch die Jahreszeiten ist für jeden Geschmack etwas dabei: Zum Mitnehmen ins Büro, für das Familienessen zu Hause, und Feines für Feiertage und Gäste.

junge kartoffeln mit limetten-minze-quark

EIN KLASSIKER IN FRÜHLINGSFRISCHER VARIANTE

Für 2 Personen
400 g junge Kartoffeln
250 g Magerquark
250 g Speisequark (20 % Fett i. Tr.)
3–4 TL frisch gepresster Limettensaft
Mineralwasser (nach Belieben)
2 Stängel Minze
1 Apfel
Salz
grüner oder schwarzer Pfeffer aus der Mühle
Zubereitung: 30 Min.
Pro Portion: ca. 370 kcal, 33 g EW, 8 g F, 41 g KH

1 Die Kartoffeln unter fließendem Wasser gründlich sauber bürsten. Mit der Schale in Salzwasser in ca. 20 Min. garen.

2 Inzwischen beide Quarksorten in eine Schüssel geben, mit dem Limettensaft und nach Belieben mit etwas Mineralwasser glatt rühren.

3 Die Minze abbrausen und trocken tupfen, die Blätter abzupfen und einige ganz lassen. Die restlichen Blätter übereinanderlegen, zuerst in dünne Streifen und diese dann in kleine Stückchen schneiden.

4 Den Apfel schälen und in Viertel schneiden, die Viertel entkernen und klein würfeln. Die Minzestückchen und die Apfelwürfel unter den Quark mischen. Den Quark mit Salz und Pfeffer abschmecken, anrichten und mit Minzeblättchen dekorieren.

5 Die Kartoffeln abgießen, nach Belieben pellen oder in der zarten Schale lassen, eventuell längs halbieren und neben dem Limetten-Minze-Quark anrichten.

variante orangen-thymian-quark

Für 2 Personen
1 Bio-Orange, 6 Stängel Thymian (z. B. Orangenthymian), 250 g Magerquark, 250 g Speisequark (20 % Fett i. Tr.), ½–1 TL Harissa, schwarzer Pfeffer aus der Mühle, Salz
Pro Portion: ca. 240 kcal, 30 g EW, 7 g F, 14 g KH

Die Orange heiß waschen und abtrocknen, 4 TL Schale abreiben und den Saft auspressen. Den Thymian abbrausen und trocken tupfen, die Blätter fein hacken. Beide Quarksorten mit Orangensaft glatt rühren, mit Harissa, Pfeffer und Salz würzen. Die Thymianblättchen und 3 TL Orangenschale unter den Quark mischen. Den Quark mit der restlichen Schale bestreuen.

LEICHTES KOKOSGEMÜSE

sprossen

Die kleinen, knackigen Nährstoffbomben sind vollgepackt mit Kalzium, Magnesium, Eisen, Fluor, Kalium, Mangan und Zink. Frisch geerntet sind sie besonders gehaltvoll und passen gut zu Salat und Sandwich. Je nach Sorte schmecken sie mild, süß und nussig, auch herb oder beißend scharf. Sie können die Winzlinge entweder im Weckglas oder in einer Pflanzschale selber ziehen und auch fertig als einzelne Sorte oder Mischung im Bioladen kaufen.

GRÜNER NUDEL-SPARGEL-SALAT

grüner nudel-spargel-salat

VEGETARISCH, KRÄUTER-WÜRZIG

Für 2 Personen
1 Bund gemischte Kräuter für »Grüne Sauce«
500 g grüner Spargel
150 g kurze Nudeln (z. B. Penne)
Salz
2 TL Dijonsenf
2 TL weißer Aceto balsamico
schwarzer Pfeffer aus der Mühle
2 EL frisch gepresster Orangensaft
4 TL Olivenöl
10 g Pinienkerne
Zubereitung: 40 Min.
Pro Portion: ca. 440 kcal, 14 g EW, 15 g F, 64 g KH

1 Die Kräuter abbrausen und trocken schütteln, die Blätter fein hacken. Etwa 6 EL (ca. 30 g) Kräuter abnehmen und den Rest anderweitig verwenden oder einfrieren.

2 Den Spargel im unteren Drittel schälen, die holzigen Enden entfernen. Den Spargel waschen, schräg in ca. 4 cm große Stücke schneiden und in einen Dämpfeinsatz geben. Die Spargelstücke in einem Topf über dem Dampf in 4 Min. bissfest garen, dann herausnehmen und eiskalt abschrecken.

3 Die Nudeln in Salzwasser nach Packungsangabe al dente garen. Inzwischen Senf und Essig mit Salz und Pfeffer verrühren. Erst den Orangensaft und dann das Öl tropfenweise unterschlagen.

4 Die Nudeln abgießen, mit der Vinaigrette mischen und darin abkühlen lassen. Spargel und Kräuter untermischen. Die Pinienkerne in einer Pfanne ohne Fett goldgelb rösten und über den Salat streuen.

leichtes kokosgemüse

VEGETARISCH, EXOTISCH, AROMATISCH

Für 2 Personen
250 g Bundmöhren
250 g kleine, feste Zucchini
4 schlanke Frühlingszwiebeln
20 g frischer Ingwer
1 rote Chilischote
100 g Mungbohnensprossen
8 Stängel Koriandergrün
100 g Basmatireis | Salz
2 TL Rapsöl
schwarzer Pfeffer aus der Mühle
1–2 TL Currypulver
1/4 l leichte Kokosmilch (aus der Dose; s. S. 136)
Zubereitung: 40 Min.
Pro Portion: ca. 310 kcal, 9 g EW, 7 g F, 55 g KH

1 Möhren putzen und schälen. Zucchini waschen und putzen. Möhren und Zucchini in feine Stifte hobeln. Frühlingszwiebeln putzen und waschen. Das Weiße und Grüne schräg in 5 mm lange Stücke schneiden. Ingwer schälen, fein würfeln. Chilischote längs aufschneiden, putzen, waschen und fein hacken. Die Sprossen abbrausen und abtropfen lassen. Das Koriandergrün abbrausen und trocken schütteln, die Blätter abzupfen. Den Reis in Salzwasser nach Packungsangabe garen.

2 Das Öl erhitzen, das Weiße der Frühlingszwiebeln und Ingwer darin 2 Min. pfannenrühren. Chili zugeben und 1 Min. mitbraten. Die Möhren zufügen und 3 Min. braten, Zucchini und Frühlingszwiebelgrün zugeben und 2 Min. mitbraten. Die Sprossen zufügen. Das Gemüse salzen, pfeffern, mit Currypulver bestäuben und umrühren. Die Kokosmilch zugießen, erwärmen und 2–3 Min. köcheln lassen, bis das Gemüse gar ist. Mit Reis anrichten und mit Koriandergrün bestreuen.

frühlingsgemüse-risotto mit minze & mini-mozzarella

EIN FEINES SONNTAGSESSEN, AUCH FÜR GÄSTE

Für 2 Personen
2 Frühlingszwiebeln
2 Stangen Staudensellerie
500 g weißer Spargel
1 EL Olivenöl
100 g Risottoreis (z. B. Arborio)
100 ml Weißwein
¼ l Gemüsebrühe oder -fond
10 g Pinienkerne
2 Stängel Minze
6 Mini-Mozzarella (ca. 40 g)
Salz | 1 Stück Würfelzucker
grüner Pfeffer aus der Mühle
100 g TK-Erbsen
Zubereitung: 40 Min.
Pro Portion: ca. 400 kcal, 17 g EW, 13 g F, 54 g KH

1 Frühlingszwiebeln putzen und waschen, das Weiße und Grüne getrennt in schmale Ringe schneiden. Staudensellerie waschen, putzen und klein würfeln. Spargel schälen, die harten Enden entfernen. Das untere Viertel der Stangen in dünne Scheibchen, den Rest in 2–3 cm lange Stücke schneiden. Die Spargelspitzen beiseitelegen.

2 Das Öl erhitzen, das Weiße der Frühlingszwiebeln darin 1 Min. andünsten. Selleriewürfel zugeben und unter Rühren 2 Min. mitdünsten. Reis zugeben und so lange mitdünsten, bis er glasig ist. Spargelscheibchen untermischen. Den Wein zugießen und köcheln lassen, bis er fast verdampft ist. Die Brühe aufkochen lassen und portionsweise zugießen, bis sie vollständig aufgenommen ist. Den Risotto unter regelmäßigem Rühren in gut 20 Min. cremig und leicht bissfest garen.

3 Inzwischen die Pinienkerne in einer kleinen Pfanne ohne Fett goldgelb rösten. Die Minze abbrausen und trocken schütteln, kleine Blätter beiseitelegen, die restlichen Blätter hacken. Den Mozzarella abtropfen lassen und halbieren.

4 Wasser mit Salz und Zucker aufkochen lassen. Etwa 7 Min. bevor der Risotto fertig ist, die Spargelstücke darin je nach Dicke 3–4 Min. sprudelnd kochen. Spargelspitzen und TK-Erbsen zugeben, 4–5 Min. mitgaren. Abgießen und heiß unter den fertigen Risotto heben. Salzen und pfeffern. Die Mozzarellahälften auf dem Risotto verteilen, mit der Minze und den Pinienkernen bestreuen, mit Minzeblättern dekorieren.

ingwer-zitronen-suppe mit huhn & reisbandnudeln

ASIATISCHES SUPPENGLÜCK

Für 2 Personen
40 g frischer Ingwer
1 Bio-Zitrone
800 ml Hühnerbrühe
150 g Hähnchenbrustfilet
80 g dünne Reisbandnudeln
1 Möhre
3 Frühlingszwiebeln
½ Bund Koriandergrün
1 große grüne Chilischote
2–3 TL Fischsauce
1 TL Zucker | Salz
Sojasauce (nach Belieben)
Zubereitung: 40 Min.
Pro Portion: ca. 320 kcal, 22 g EW, 3 g F, 52 g KH

1 Den Ingwer schälen und in dünne Scheiben schneiden. Die Zitrone heiß waschen und abtrocknen. Die Hälfte der Schale mit dem Sparschäler in Streifen, den Rest mit dem Zestenreißer abziehen und beiseitelegen. 2 EL Saft auspressen. Die Brühe mit Ingwerscheiben und Zitronenschale in Streifen aufkochen lassen.

2 Das Hähnchenbrustfilet von Fett und Sehnen befreien, waschen und trocken tupfen. Das Fleisch in die kochende Brühe legen und darin bei kleiner Hitze in 15 Min. gar ziehen lassen.

3 Inzwischen die Reisbandnudeln nach Packungsangabe mit kochend heißem Wasser übergießen und 10 Min. stehen lassen. Die Möhre schälen und in feine Streifen (Julienne) hobeln. Die Frühlingszwiebeln putzen und waschen, das Weiße schräg in dünne Scheiben und das Grüne längs in schmale Streifen schneiden. Das Koriandergrün abbrausen und trocken schütteln, die Blätter hacken. Die Chilischote putzen, waschen, schräg in dünne Ringe schneiden, dabei die Kerne entfernen. Die Reisnudeln abgießen und kalt abschrecken.

4 Das Fleisch aus der Brühe nehmen, in Alufolie wickeln und etwas ruhen lassen. Den Ingwer und die Zitronenschale entfernen. Die Brühe wieder aufkochen lassen, das Weiße der Frühlingszwiebeln und die Möhre darin 2 Min. garen. Nudeln und Frühlingszwiebelgrün zugeben und erhitzen. Das Fleisch in Streifen schneiden und mit den Chiliringen in die Brühe geben.

5 Die Suppe mit 2 EL Zitronensaft, Fischsauce, Zucker, Salz und nach Belieben mit Sojasauce abschmecken. Mit Koriandergrün und beiseitegelegter Zitronenschale bestreuen.

asia-taboulé mit tofu

FERNÖSTLICH-ORIENTALISCH KOMBINIERT

Für 2 Personen
20 g frischer Ingwer
1 Bio-Zitrone
2 EL helle Sojasauce
1 EL Reisessig | ½ TL Chiliflakes
200 g Tofu (naturel)
2 Frühlingszwiebeln
2 TL Rapsöl | 1 TL Sesamöl
80 g Bulgur | 200 ml Gemüsebrühe
½ Salatgurke
Salz | grüner Pfeffer aus der Mühle
1 kleines Bund Thaibasilikum
Zubereitung: 45 Min.
Marinieren: 2 Std.
Pro Portion: ca. 320 kcal, 14 g EW, 14 g F, 35 g KH

1 Ingwer schälen, die Hälfte fein reiben, den Rest klein würfeln. Zitrone heiß waschen, abtrocknen und 1 TL Schale abreiben. Sojasauce, Reisessig, geriebenen Ingwer, Zitronenschale und Chili verrühren. Tofu klein würfeln und untermischen. Zugedeckt mindestens 2 Std. im Kühlschrank marinieren.

2 Frühlingszwiebeln putzen und waschen, das Weiße und Grüne getrennt in Ringe schneiden. Beide Ölsorten erhitzen, das Weiße der Frühlingszwiebeln und Ingwerwürfel darin 2 Min. andünsten. Bulgur und Brühe zugeben, aufkochen lassen und zugedeckt bei kleiner Hitze in 10 Min. garen. Zwiebelgrün untermischen und 5 Min. mitgaren. Alles abkühlen lassen.

3 Gurke schälen, längs halbieren, entkernen und klein würfeln, salzen und pfeffern. Thaibasilikum abbrausen und trocken schütteln, einige kleine Blätter ganz lassen, den Rest hacken. Bulgur auflockern, Tofu mit Marinade, Gurke und gehacktes Thaibasilikum unterheben. Mit Basilikumblättern dekorieren.

kartoffelstampf mit räucherforelle

MIT APFEL & GURKE, SCHMECKT WARM & KALT

Für 2 Personen
300 g mehligkochende Kartoffeln | Salz
100 g Zwiebeln
½ Salatgurke | ½ Apfel
2 TL Rapsöl
100 ml Gemüsebrühe
Kräutersalz
grüner Pfeffer aus der Mühle
40 g Sauerampfer
1 TL Olivenöl (nach Belieben)
2 Räucherforellenfilets ohne Haut (à ca. 100 g)
Zubereitung: 35 Min.
Pro Portion: ca. 300 kcal, 24 g EW, 11 g F, 26 g KH

1 Kartoffeln schälen, klein schneiden und in Salzwasser in 20 Min. garen. Zwiebeln schälen und würfeln. Gurke schälen, längs halbieren, entkernen und klein würfeln. Apfel schälen, entkernen und würfeln.

2 Öl erhitzen, die Zwiebeln darin glasig dünsten. Gurken- und Apfelwürfel zugeben und 2 Min. mitdünsten. Brühe zugießen, alles zugedeckt in 7 Min. garen. Dann offen köcheln lassen, bis die Gurken weich und die Flüssigkeit fast eingekocht ist.

3 Kartoffeln abgießen, etwas ausdampfen lassen und mit Gurken-Apfel-Mischung mischen. Mit dem Kartoffelstampfer zerdrücken. Salzen und pfeffern.

4 Sauerampfer abbrausen und trocken schütteln, die Stiele entfernen und die Blätter klein schneiden. Drei Viertel davon unter den Stampf heben, nach Belieben mit Olivenöl beträufeln. Mit restlichem Sauerampfer bestreuen. Mit Forellenfilets anrichten.

tipp **Der Stampf passt zu gedünstetem oder pochiertem Fisch oder zu wachsweich gekochtem Ei.**

kartoffeln

Unter der dünnen, braunen Schale stecken wenig Kalorien, viel Vitamin C und jede Menge Mineralstoffe. In der Schale gekocht sind sie ein ideales Grundnahrungsmittel, denn die Schale schützt die Nährstoffe darunter. Sie machen angenehm satt und sind magenfreundlich. Mit etwas Fantasie lassen sich die feinen Knollen federleicht kombinieren: beispielsweise mit magerem Quark und zartem Gemüse der Saison oder Ei.

ASIA-TABOULÉ MIT TOFU

KARTOFFELSTAMPF MIT RÄUCHERFORELLE

artischocken mit apfel-wasabi-dip

BLATT FÜR BLATT GESUNDER GENUSS!

Für 2 Personen
Salz
150 ml Weißwein
1 Bio-Zitrone
2 große Artischocken
150 g Apfelmus (ohne Zucker; aus dem Glas)
1 TL Wasabipaste
200 g Frischkäse (16 % Fett)
grüner Pfeffer aus der Mühle
1–2 TL Zitronensaft
Küchengarn
Zubereitung: 20 Min.
Garen: 45 Min.
Pro Portion: ca. 310 kcal, 12 g EW, 17 g F, 27 g KH

1 In einem großen Topf Wasser mit Salz und Weißwein aufkochen lassen. Die Zitrone heiß waschen, halbieren und den Saft auspressen. Die Zitronenhälften mit in den Topf geben.

2 Die Artischocken waschen, den Stiel abbrechen (nicht abschneiden!), damit sich die dicken Fasern aus dem Boden der Artischocken lösen. Die Stielenden sofort mit Zitronensaft beträufeln. Die kleinen, sehr harten äußeren Blätter entfernen, die Blattspitzen mit einer Küchenschere abschneiden. Die dicken Blätter vorsichtig auseinanderbiegen, die dünnen inneren Blätter herauszupfen und das »Heu« mit einem kleinen Löffel oder Kugelausstecher herauskratzen. Die Böden sofort mit Zitronensaft beträufeln. Die Artischockenblätter wieder zusammendrücken oder die Artischocken mit Küchengarn zusammenbinden. Die Artischocken in kochendes Salzwasser legen und zugedeckt je nach Größe in 30–45 Min. garen, bis sich die Blätter ablösen lassen.

3 Inzwischen für den Dip das Apfelmus erst mit Wasabi, dann mit Frischkäse verrühren. Mit Salz, Pfeffer und Zitronensaft abschmecken.

4 Die Artischocken aus dem Wasser heben, umgedreht auf einem Küchentuch etwas abtropfen lassen. Mit dem Dip servieren.

variante avocadodip

Für 2 Personen
1 reife Avocado (ca. 100 g Fruchtfleisch), 150 g Joghurt (1,5 % Fett), 2 TL Dijonsenf, 1 TL Akazienhonig, Salz, schwarzer Pfeffer aus der Mühle, 2 Stängel Basilikum, 15 g Orangeat
Pro Portion: ca. 200 kcal, 4 g EW, 15 g F, 13 g KH

Die Avocado halbieren, den Stein entfernen und das Fruchtfleisch herauslösen. Mit der Gabel zerdrücken und sofort mit Joghurt verrühren. Senf und Honig unterrühren. Den Dip salzen und pfeffern. Das Basilikum abbrausen und trocken schütteln, die Blätter fein hacken. Das Orangeat ebenfalls fein hacken, beides unterheben.

zucchini-limetten-nudeln

SOMMERLICH MIT FRISCHEM TOPPING

Für 2 Personen
500 g möglichst feste Zucchini
1 Bio-Limette
15 g Kürbiskerne
½ Bund glatte Petersilie
20 g Parmesan (am Stück)
100 g Bandnudeln
Salz
2 TL Olivenöl
schwarzer Pfeffer aus der Mühle
Zubereitung: 30 Min.
Pro Portion ca. 360 kcal, 15 g EW, 12 g F, 48 g KH

1 Die Zucchini waschen und putzen, je nach Dicke eventuell längs halbieren. Mit dem Sparschäler längs in dünne Streifen schneiden. Die Limette heiß waschen und abtrocknen, die Schale abreiben und den Saft auspressen.

2 Die Kürbiskerne rösten, bis sie sich etwas aufblähen, abkühlen lassen und hacken. Die Petersilie abbrausen und trocken schütteln, die Blätter hacken. Den Parmesan fein reiben. Für das Topping die Limettenschale mit den Kürbiskernen, der Petersilie und dem Parmesan mischen.

3 Die Nudeln in kochendem Salzwasser nach Packungsangabe al dente garen. Etwa 1 Min. vor dem Ende der Garzeit die Zucchinistreifen zu den Nudeln geben und kurz blanchieren. Sie sollten unbedingt noch knackig sein!

4 Nudeln und Zucchini in ein Sieb abgießen, in vorgewärmte Schüsseln geben, mit Olivenöl beträufeln, mit einigen Spritzern Limettensaft und Pfeffer würzen. Mit dem Topping bestreuen.

avocado mit kirschtomaten

HERBSÄUERLICH TRIFFT AUF MILDAROMATISCH

Für 2 Personen
400 g Kirschtomaten
1 ½ EL Olivenöl
1 TL Akazienhonig
2 TL Apfel-Balsamessig (oder Aceto balsamico)
Meersalz | schwarzer Pfeffer aus der Mühle
½–1 TL Harissa
1 Msp. Zimtpulver
1 Bund Rucola
2 kleine, reife Avocados
2 dicke Scheiben Ciabatta (à ca. 40 g)
Zubereitung: 30 Min.
Pro Portion: ca. 570 kcal, 7 g EW, 44 g F, 28 g KH

1 Die Kirschtomaten waschen und halbieren. 1/2 EL Öl in einer Pfanne erhitzen, die Tomatenhälften darin 1–2 Min. anschwitzen.

2 Für die Vinaigrette das restliche Öl, Honig, Essig, Salz, Pfeffer, Harissa und Zimtpulver verrühren. Die Tomaten mit der Vinaigrette ablöschen, beiseitestellen und lauwarm abkühlen lassen.

3 Den Rucola putzen, waschen, trocken schleudern und anrichten. Die Avocados halbieren und die Steine entfernen. Das Fruchtfleisch in Spalten schneiden, auf dem Rucola verteilen und die Tomaten daraufgeben. Mit Salz und Pfeffer würzen. Ciabatta dazu reichen.

variante Die Kirschtomaten mit kochendem Wasser überbrühen und häuten, die Stielansätze entfernen. Tomaten abtropfen lassen und in ein schmales Gefäß geben. Die Vinaigrette darübergießen. Die Tomaten 1–2 Std. marinieren, dabei öfter vorsichtig umrühren. Die Tomaten aus der Vinaigrette nehmen. Rucola, Avocadospalten und Tomaten anrichten, salzen und pfeffern. Mit Vinaigrette beträufeln.

ZUCCHINI-LIMETTEN-NUDELN

BOHNEN-MANGO-SALAT MIT MINZE

bohnen-mango-salat mit minze

ERFRISCHEND FRUCHTIG – ZUM MITNEHMEN

Für 2 Personen
1 große, reife Mango (ca. 300 g)
2 Frühlingszwiebeln
1 rote Chilischote
4 Stängel Minze
1 Dose Kidneybohnen (250 g Abtropfgewicht)
2 EL frisch gepresster Limettensaft
1 EL Olivenöl
Salz | schwarzer Pfeffer aus der Mühle
Zubereitung: 25 Min.
Marinieren: 1 Std.
Pro Portion: ca. 560 kcal, 31 g EW, 7 g F, 94 g KH

1 Die Mango schälen, das Fruchtfleisch in dünnen Scheiben vom Stein schneiden und fein würfeln. Die Frühlingszwiebeln putzen, waschen und in sehr feine Ringe schneiden. Die Chilischote längs aufschneiden, putzen, waschen und fein würfeln.

2 Die Minze abbrausen und trocken schütteln, die kleinen Blätter ganz lassen und den Rest hacken. Die Bohnen in ein Sieb abgießen, gründlich waschen und abtropfen lassen.

3 Für das Dressing den Limettensaft mit Öl, Salz und Pfeffer verrühren. Mit einem Drittel der Mangowürfel pürieren.

4 Die Bohnen mit restlichen Mangowürfeln, Frühlingszwiebeln, Chili und gehackter Minze mischen. Das Dressing darübergießen, alles mischen und den Salat 1 Std. marinieren. Mit Minzeblättern bestreuen.

scharfe paprika mit farfalle

MEDITERRANE AROMEN – LEICHT GEMACHT

Für 2 Personen
120 g Vollkorn-Farfalle | Salz
150 g Zwiebeln
1 EL Olivenöl
500 g rote Paprikaschoten
200 ml Gemüsebrühe
1 EL Harissa
1 EL Aceto balsamico (oder Apfel-Balsamessig)
schwarzer Pfeffer aus der Mühle
2 Stängel Thymian
20 g Walnusskerne
40 g Fetakäse
Zubereitung: 25 Min.
Pro Portion: ca. 430 kcal, 17 g EW, 17 g F, 50 g KH

1 Farfalle in Salzwasser nach Packungsangabe al dente garen. Zwiebeln schälen, halbieren und in dünne Streifen schneiden. Öl erhitzen, die Zwiebeln darin in 6 Min. glasig dünsten.

2 Paprikaschoten schälen, halbieren, putzen, waschen und in schmale Streifen schneiden. Zu den Zwiebeln geben und unter Rühren in 5–6 Min. weich dünsten. Die Brühe angießen, Harissa und Essig unterrühren. Alles aufkochen und so lange köcheln lassen, bis die Sauce sämig ist. Mit Pfeffer würzen.

3 Inzwischen den Thymian abbrausen und trocken schütteln, die Blätter hacken. Die Walnusskerne grob hacken. Den Feta zerbröckeln. Die Nudeln in ein Sieb abgießen und unter das Gemüse mischen. Mit Thymian und Walnüssen bestreuen.

tipp **Die Paprikastreifen ohne Nudeln zubereiten, noch warm mit Fetakäse in Würfeln mischen und in eine Pittabrottasche füllen.**

paprika-wraps mit rosmarin-feta-creme

KÖSTLICHE ROLLEN FÜR UNTERWEGS

Für 2 Personen
3 große rote Paprikaschoten (ca. 500 g)
2 Zweige Rosmarin
2 Stängel glatte Petersilie
120 g Fetakäse
30 g Frischkäse (16 % Fett)
schwarzer Pfeffer aus der Mühle
4 dünne arabische Fladenbrote (ca. 100 g)
Salz
Backpapier für das Backblech
Butterbrotpapier
Zubereitung: 50 Min.
Pro Portion: ca. 430 kcal, 19 g EW, 16 g F, 52 g KH

1 Den Backofengrill auf 250° (Umluft 220°) vorheizen. Ein Backblech mit Backpapier auslegen. Die Paprikaschoten vierteln, putzen, waschen und mit der Schnittfläche nach unten auf das Backblech legen. Die Paprikaviertel unter dem Backofengrill (oben) 15–20 Min. grillen, bis sie schwarze Flecken bekommen und Blasen werfen.

2 Inzwischen die Kräuter abbrausen und trocken schütteln. Die Rosmarinnadeln sehr fein hacken, die Petersilienblätter abzupfen. Den Feta mit der Gabel zerdrücken, mit Frischkäse geschmeidig verrühren und kräftig pfeffern. Den Rosmarin untermischen.

3 Die Paprikaviertel aus dem Backofen nehmen, mit einem feuchten Tuch bedecken und ca. 10 Min. ruhen lassen, dann die Haut entfernen.

4 Die Fladenbrote mit der Käsecreme bestreichen, die Paprikastücke darauf verteilen, dann salzen, pfeffern und mit Petersilienblättern bestreuen. Die Fladenbrote fest aufrollen und bis zum Verzehr in Frischhaltefolie wickeln. Dann die Folie entfernen und eventuell mit Butterbrotpapier umwickelt servieren.

variante paprika mit gremolata

Die Paprika grillen und häuten. Aus 2 TL frisch gepresstem Zitronensaft, Salz, Pfeffer, 1/2 TL Honig und 1 EL Olivenöl eine Vinaigrette rühren, die Paprika damit beträufeln und kurz marinieren. 20 g Pinienkerne rösten, abkühlen lassen und hacken. 1 Schalotte schälen und fein hacken. Die Blättchen von 4 Stängeln Thymian hacken. 2 TL abgeriebene Schale von 1 Bio-Zitrone mit Schalotte, Thymian und den Pinienkernen mischen und über die Paprika streuen. Mit geröstetem Vierkornbrot oder Vollkorn-Fladenbrot servieren.

GEMÜSEPFANNE MIT KRÄUTERN

weizen und vollkornnudeln

Bringen Sie ruhig mittags mal Getreide auf den Tisch. Weizen beispielsweise ist ballaststoff- und eiweißreich, enthält Niacin und Phosphor. Vorgegarter Weizen aus der Packung ist in knapp 10 Minuten fertig und dezent im Geschmack. Bulgur und Couscous sind vorgekochter, getrockneter und gemahlener Weizen. Sie sind als Instant-Produkte im Handel und im Nu gar. Bei Nudeln greifen Sie am besten zu Hartweizennudeln ohne Ei oder Vollkornprodukten. Alle lassen sich mit Tomaten, Zucchini oder Paprika perfekt kombinieren.

SCHARFER NUDELSALAT

gemüsepfanne mit kräutern

FEINER WEIZEN GIBT BISS UND MACHT SATT

Für 2 Personen
100 g rote Zwiebeln
1 Knoblauchzehe
250 g Möhren
250 g Zucchini
1 kleines Bund glatte Petersilie
je 6 Stängel Basilikum und Thymian
1 Bio-Zitrone
20 g Kürbiskerne
125 g vorgegarter Weizen (Packung)
ca. ½ l Gemüsebrühe
1 EL Distelöl | Kräutersalz
schwarzer Pfeffer aus der Mühle
Zubereitung: 40 Min.
Pro Portion: ca. 395 kcal, 13 g EW, 12 g F, 57 g KH

1 Zwiebeln und Knoblauch schälen, beides fein hacken. Möhren und Zucchini putzen, Möhren schälen und beides klein würfeln. Die Kräuter abbrausen und trocken tupfen, die Blätter fein hacken. Die Zitrone heiß waschen und abtrocknen, 1–2 TL Schale abreiben und den Saft auspressen. Die Kürbiskerne rösten, abkühlen lassen und hacken. Kräuter mit Knoblauch, Kürbiskernen, Zitronenschale und 2 TL Zitronensaft mischen und beiseitestellen.

2 Den Weizen in kochender Brühe in 8–9 Min. al dente garen, dann abgießen. Inzwischen Öl erhitzen, die Zwiebeln darin in 5 Min. weich dünsten. Möhren zugeben und 2–3 Min. unter Rühren anbraten. Zucchini zugeben und 2 Min. mitbraten, bis das Gemüse bissfest ist. Mit Kräutersalz und Pfeffer würzen. Den Weizen untermischen, mit übrigem Zitronensaft abschmecken. Mit der Kräutermischung bestreuen.

tipp **Anstelle der Kräuter 40 g Parmesan in Spänen oder 40 g Fetakäse in Krümeln darüberstreuen.**

scharfer nudelsalat

DER ITALIENISCHE PASTAKLASSIKER ALS SALAT

Für 2 Personen
120 g kurze Nudeln (z. B. Rigatoni)
Salz
300 g Tomaten
2 EL Salzkapern (oder eingelegte Kapern)
1 kleines Bund Rucola (ca. 50 g)
20 g Parmesan (am Stück)
40 g Tomatenmark
1 TL gekörnte Gemüsebrühe
1 TL Harissa
2 TL Olivenöl
schwarzer Pfeffer aus der Mühle
Zubereitung: 25 Min.
Pro Portion: ca. 345 kcal, 14 g EW, 9 g F, 51 g KH

1 Die Nudeln in Salzwasser nach Packungsangabe al dente garen, dann in ein Sieb abgießen und abkühlen lassen.

2 Inzwischen die Tomaten halbieren, mit einem Teelöffel entkernen und würfeln. Kapern abspülen und hacken. Rucola putzen, waschen, trocken schütteln und grob zerpflücken. Parmesan mit dem Sparschäler in dünne Späne schneiden.

3 Tomatenmark und gekörnte Brühe mit 3 EL heißem Wasser verrühren, Harissa, Olivenöl und Kapern unterrühren. Nudeln und Tomaten untermischen und pfeffern. Kurz vor dem Servieren den Rucola unter den Salat mischen. Mit Parmesanspänen bestreuen.

tipp **Salzkapern werden durch das Einlegen in Meersalz haltbar gemacht. Gründlich abgespült bleibt nur der reine Kaperngeschmack. In Essig eingelegte Kapern schmecken auch nach dem Abspülen noch etwas säuerlich.**

rotbarsch auf tomaten-kapern-couscous

MEDITERRANER SOMMERGENUSS

Für 2 Personen
1 Dose stückige Tomaten (250 g Abtropfgewicht)
½ Bund glatte Petersilie
2 TL Salzkapern (oder eingelegte Kapern, s. S. 43)
2 Schalotten
1 Knoblauchzehe
20 g getrocknete Tomaten
2 Rotbarschfilets (à ca. 140 g; oder 4 Rotbarbenfilets à ca. 70 g)
4 TL Olivenöl
1 TL gekörnte Brühe
60 g Instant-Couscous
Salz
grüner Pfeffer aus der Mühle
Zubereitung: 40 Min.
Pro Portion: ca. 380 kcal, 31 g EW, 11 g F, 26 g KH

1 Die Tomaten in ein Sieb abgießen und abtropfen lassen, dabei die Flüssigkeit auffangen. Die Petersilie abbrausen und trocken schütteln, die Blätter hacken. Die Kapern gründlich abbrausen und trocken tupfen, eventuell grob hacken. Schalotten und Knoblauch schälen und in feine Würfel schneiden. Die getrockneten Tomaten fein würfeln.

2 Den Fisch kalt waschen, mit Küchenpapier trocken tupfen und eventuell die Gräten mit einer Pinzette entfernen.

3 2 TL Öl erhitzen, die Schalotten darin in 5 Min. glasig dünsten. Knoblauch und getrocknete Tomaten zugeben und kurz mitdünsten. Die abgetropften Tomaten zugeben und unter Rühren 15 Min. köcheln lassen. Die Kapern zugeben und unterrühren.

4 Inzwischen die aufgefangene Tomatenflüssigkeit mit der Brühe verrühren, aufkochen und auf etwa 100 ml einkochen lassen. Couscous unterrühren und 5–7 Min. quellen lassen.

5 Die Fischfilets mit Salz und Pfeffer würzen. Das restliche Öl erhitzen, die Filets darin auf jeder Seite in 3–4 Min. goldbraun braten.

6 Den Couscous mit der Gabel auflockern und unter die Tomaten mischen. Die Hälfte der Petersilie unterheben, den Rest darüberstreuen. Mit den Fischfilets anrichten.

reisbandnudeln mit tofu und spinat

DIE BESTEN ASIATISCHEN AROMEN IN EINEM GERICHT

Für 2 Personen
80 g Reisbandnudeln
200 g TK-Blattspinat
8 schlanke Frühlingszwiebeln
25 g frischer Ingwer
1 Bund Koriandergrün
1 TL Sesamsamen
Salz
150 g Räuchertofu
2 TL Rapsöl
2 EL Sojasauce
1 TL Sambal oelek
1 TL Sesamöl
Zubereitung: 40 Min.
Pro Portion: ca. 350 kcal, 15 g EW, 14 g F, 42 g KH

1 Die Bandnudeln in 2–3 cm lange Stücke brechen und 10 Min. in kaltem Wasser einweichen.

2 Inzwischen den Blattspinat nach Packungsangabe garen. Die Frühlingszwiebeln putzen und waschen. Das Weiße und Grüne getrennt schräg in ca. 1 cm breite Stücke schneiden. Den Ingwer schälen und in dünne Stifte schneiden. Das Koriandergrün abbrausen und trocken schütteln, die Blätter hacken. Sesamsamen in einer Pfanne ohne Fett rösten, bis es duftet, und beiseitestellen.

3 Salzwasser in einem Topf aufkochen und die Bandnudeln darin offen bei mittlerer Hitze 3 Min. kochen lassen. Die Nudeln in ein Sieb abgießen und abtropfen lassen.

4 Den Tofu in Streifen schneiden. 1 TL Rapsöl im Wok erhitzen, den Tofu darin auf jeder Seite 2 Min. anbraten. 1 EL Sojasauce zugeben und so lange rühren, bis sie verdampft ist. Die Tofustreifen herausnehmen und warm halten.

5 Das restliche Rapsöl im Wok erhitzen, den Ingwer darin 1/2 Min. anbraten und an den Rand schieben. Das Weiße der Frühlingszwiebeln zugeben und unter Rühren 1 Min. braten, das Frühlingszwiebelgrün zufügen und ca. 10 Sek. pfannenrühren. Den Blattspinat zugeben und unter Rühren kurz erhitzen. Die restliche Sojasauce und Sambal oelek unterrühren. Die Nudeln zugeben und unter Rühren erwärmen.

6 Die Nudel-Gemüse-Mischung anrichten, mit Sesamöl beträufeln, mit Sesamsamen und Koriandergrün bestreuen. Die Tofustreifen obendrauf geben.

chili-hummus mit gebratenen pilzen & sprossen

DIE KICHERERBSENPASTE LÄSST SICH GUT VORBEREITEN

Für 2 Personen
1 Dose Kichererbsen (250 g Abtropfgewicht)
¼ l Gemüsebrühe
1 grüne Chilischote (z. B. Jalapeño)
1 Knoblauchzehe
1 Bio-Zitrone
½ Bund glatte Petersilie
2 TL Sesamsamen
1 TL gemahlener Cumin
Salz
schwarzer Pfeffer aus der Mühle
¼ TL Cayennepfeffer
4 TL Olivenöl
40–50 g Alfalfasprossen (oder Sprossenmix)
250 g braune Champignons
Zubereitung: 40 Min.
Pro Portion: ca. 550 kcal, 29 g EW, 21 g F, 60 g KH

1 Die Kichererbsen in ein Sieb abgießen, abbrausen und in der Brühe bis zur Verwendung bei kleiner Hitze köcheln lassen.

2 Inzwischen die Chilischote längs aufschneiden, putzen, waschen und fein hacken. Den Knoblauch schälen und fein hacken. Die Zitrone heiß waschen und abtrocknen, die Schale abreiben und 1 EL Saft auspressen. Die Petersilie abbrausen und trocken schütteln, die Blätter hacken. Die Sesamsamen in einer kleinen Pfanne ohne Fett rösten, bis es duftet. Dann beiseitestellen.

3 Die Kichererbsen in ein Sieb abgießen, dabei die Brühe auffangen. Die Kichererbsen mit Knoblauch, Zitronensaft und 1–2 EL Brühe fein pürieren. Mit Cumin, Salz, Pfeffer und Cayennepfeffer kräftig abschmecken. Zitronenschale, Chiliwürfel und die Hälfte der Petersilie untermischen. In die Mitte einer Platte geben, 2 TL Olivenöl darüberträufeln und mit Sesamsamen bestreuen. Die Sprossen abbrausen, gut abtropfen lassen und um den Hummus verteilen.

4 Die Champignons abreiben, erdige Teile entfernen und die Pilze in Scheiben schneiden. Eine schwere Pfanne stark erhitzen, die Pilze erst ohne Fett braten, bis die Flüssigkeit verdampft ist und die Pilze etwas bräunlich sind. Das restliche Olivenöl untermischen. Mit Salz und Pfeffer würzen. Die heißen Pilze auf den Hummus geben, mit restlicher Petersilie bestreuen.

tipp **Dazu schmeckt geröstetes Vierkorn- oder Mehrkornbrot.**

herbstrisotto mit austernpilzen

WALNÜSSE BRINGEN GESCHMACK & BISS

Für 2 Personen
100 g Schalotten
250 g Austernpilze
1 Bio-Orange
1 Zweig Rosmarin | 1 EL Rapsöl
100 g Risottoreis (z. B. Arborio)
¼ l Gemüsebrühe
Salz | schwarzer Pfeffer aus der Mühle
15 g Walnusskerne
½ Bund glatte Petersilie
Zubereitung: 50 Min.
Marinieren: 2 Std.
Pro Portion: ca. 350 kcal, 10 g EW, 11 g F, 52 g KH

1 Schalotten schälen, fein würfeln. Pilze putzen, feste Stiele fein hacken, weiche Blätter in Stücke schneiden. Orange heiß waschen und abtrocknen, 2 TL Schale abreiben, 100 ml Saft auspressen. Rosmarin abbrausen, trocken schütteln und hacken.

2 Die Hälfte des Öls erhitzen, Schalotten darin glasig dünsten. Die gehackten Pilzstiele, die Hälfte der Orangenschale und Rosmarin unterrühren. Reis zugeben und so lange rühren, bis er glasig ist. Orangensaft zugeben und köcheln lassen, bis er fast verkocht ist, dabei regelmäßig rühren. Brühe aufkochen lassen und heiß halten, nach und nach zum Reis geben. Den Reis in ca. 20 Min. garen, bis er cremig ist und noch Biss hat. Salzen und pfeffern.

3 Walnusskerne rösten, abkühlen lassen und hacken. Petersilie abbrausen und trocken schütteln, die Blätter hacken. Mit Walnusskernen und übriger Orangenschale mischen. Restliches Öl erhitzen, übrige Austernpilze darin 4–5 Min. braten, salzen und pfeffern und unter den Risotto mischen. Mit Walnuss-Topping bestreuen.

fruchtige kürbis-melonen-suppe

MIT WASABISAHNE FÜR DEN BESONDEREN KICK

Für 2 Personen
100 g rote Zwiebeln
20 g frischer Ingwer
½ Hokkaido-Kürbis (ca. 300 g Fruchtfleisch)
100 g Kartoffeln
2 TL Rapsöl
¼ l Gemüsebrühe
½ kleine, reife Galiamelone (ca. 250 g Fruchtfleisch)
100 ml frisch gepresster Orangensaft
100 g saure Sahne
2–3 TL frisch gepresster Zitronensaft
Salz | grüner Pfeffer aus der Mühle
1 TL Wasabipaste (aus der Tube)
Zubereitung: 55 Min.
Pro Portion: ca. 250 kcal, 6 g EW, 11 g F, 29 g KH

1 Zwiebeln und Ingwer schälen, beides fein hacken. Kürbis entkernen, waschen und das Fruchtfleisch grob würfeln. Kartoffeln schälen und klein würfeln.

2 Öl erhitzen, Zwiebeln darin in 4–5 Min. weich dünsten. Ingwer und Kürbis zugeben und unter Rühren kurz anbraten. Brühe zugießen und aufkochen lassen. Kartoffelwürfel darin in 15–18 Min. garen. Die Melone entkernen, schälen und grob würfeln.

3 Den Kürbis mit dem Pürierstab pürieren. Melone, Orangensaft und die Hälfte der sauren Sahne zugeben und nochmals durchmixen. Mit Zitronensaft, Salz und Pfeffer abschmecken.

4 Restliche saure Sahne mit Wasabi und 1 Prise Salz verrühren. Die Suppe anrichten und je einen Klecks Wasabisahne obendrauf setzen.

FRUCHTIGE KÜRBIS-MELONEN-SUPPE

pilze

Zuchtpilze und handelsübliche Pilze enthalten viel Kalium, etwas Magnesium und auch Eisen. Manche sind reich an Niacin, das beim Energieumsatz eine Rolle spielt. Achten Sie beim Kauf darauf, dass sie fest sind und keine feuchten Stellen haben. Pilze möglichst noch am gleichen Tag zubereiten – beim Lagern verlieren sie schnell wertvolle Inhaltstoffe. Wenn sie doch aufbewahrt werden müssen, dann nur kurz und nicht in Plastikbeuteln. Gegarte Reste sofort kalt stellen, dann kann man sie noch mal erwärmen, allerdings nur kurz!

HERBSTRISOTTO MIT AUSTERNPILZEN

ROTKOHL-KAKI-SALAT MIT ROASTBEEF

grüne linsen auf feldsalat

AROMATISCH MIT FEIN GEWÜRZTEM DRESSING

Für 2 Personen
2 Schalotten
150 g grüne Linsen (z. B. du Puy-Linsen)
2 Gewürznelken | 1 Lorbeerblatt
100 g Feldsalat
20 g Walnusskerne | 2 EL Walnussöl
2 EL Sherryessig (oder Weißweinessig)
1 TL Ras el Hanout (s. S. 136)
Salz | schwarzer Pfeffer aus der Mühle
Cayennepfeffer
Zubereitung: 40 Min.
Marinieren: 30 Min.
Pro Portion: ca. 370 kcal, 20 g EW, 18 g F, 33 g KH

1 Die Schalotten schälen und halbieren. Die Linsen in ein Sieb geben und gründlich abbrausen. Dann in einem Topf mit Schalotten, Gewürznelken, Lorbeerblatt und kaltem Wasser aufkochen und zugedeckt bei kleiner Hitze ca. 30 Min. köcheln lassen.

2 Inzwischen den Feldsalat putzen, waschen und trocken schleudern. Die Walnusskerne grob hacken. Für das Dressing Öl, Essig, Ras el Hanout, Salz, Pfeffer und Cayennepfeffer verrühren.

3 Die Linsen abgießen, Lorbeerblatt und Gewürznelken entfernen. Die noch warmen Linsen leicht salzen, mit dem Dressing mischen und ca. 30 Min. ziehen lassen, dabei gelegentlich vorsichtig umrühren. Eventuell noch einmal abschmecken. Den Feldsalat anrichten, die Linsen obendrauf geben und mit Walnüssen bestreuen.

tipp **Walnussöl und Walnusskerne weglassen. Das Dressing mit Olivenöl zubereiten. Den Linsensalat mit ca. 30 g Fetakäse oder 80 g gegrillten Garnelen pro Person anrichten.**

rotkohl-kaki-salat mit roastbeef

DAS ORANGEN-DRESSING BRINGT FRUCHTIGKEIT

Für 2 Personen
150 g Rotkohl
1 TL Salz
100 g Möhren
1 feste Kaki (Sharonfrucht)
1/8 l frisch gepresster Orangensaft
2 TL weißer Aceto balsamico
1/2–1 TL Sambal oelek
schwarzer Pfeffer aus der Mühle
1 1/2 EL Walnussöl
4 Stängel Thymian
20 g Pecannusskerne (oder Walnusskerne)
150 g Roastbeefaufschnitt (in dünnen Scheiben)
Zubereitung: 25 Min.
Marinieren: 2 Std.
Pro Portion: ca. 310 kcal, 20 g EW, 19 g F, 16 g KH

1 Den Rotkohl putzen, den Strunk entfernen und den Kohl auf dem Gemüsehobel in hauchfeine Streifen hobeln. Die Kohlstreifen salzen und so lange kneten, bis sie geschmeidiger sind. Die Möhren putzen, schälen und in feine Streifen (Julienne) hobeln. Die Kaki schälen und klein würfeln.

2 Orangensaft mit Essig und etwas Salz verrühren, bis es sich gelöst hat. Sambal oelek und Pfeffer unterrühren. Das Öl tropfenweise unterschlagen. Das Dressing mit Rotkohl, Möhren und Kaki mischen. Den Salat zugedeckt ca. 2 Std. ziehen lassen.

3 Den Thymian abbrausen und trocken tupfen, die Blätter hacken. Die Pekannusskerne in einer Pfanne ohne Fett rösten und grob hacken. Den Salat anrichten, mit Thymian und Nüssen bestreuen. Die Roastbeefscheiben zu Röllchen formen und dazulegen.

gemüse-couscous mit tahini-dressing

VEGETARISCHER GRUSS AUS DEM ORIENT

Für 2 Personen
1 kleine Aubergine (ca. 150 g; oder 2 Baby-Auberginen)
Salz
100 g rote Zwiebeln
150 g Zucchini
1 rote Paprikaschote
4 Stängel Thymian
150 g Joghurt (1,5 % Fett)
½–1 TL Harissa
2 TL Tahini (Sesampaste, Bioladen)
1 EL Olivenöl
schwarzer Pfeffer aus der Mühle
150 ml Gemüsebrühe
70 g Instant-Couscous
¼ TL Zimtpulver
1 Msp. Kurkumapulver
Zubereitung: 40 Min.
Pro Portion: ca. 260 kcal, 10 g EW, 8 g F, 36 g KH

1 Die Aubergine waschen, putzen und in ca. 1 cm große Würfel schneiden, salzen und beiseitestellen.

2 Die Zwiebeln schälen, halbieren und in dünne Streifen schneiden. Die Zucchini waschen, putzen und auf dem Gemüsehobel in kurze Stifte hobeln. Die Paprikaschote mit dem Sparschäler dünn schälen, vierteln, putzen, waschen und klein würfeln. Den Thymian abbrausen und trocken tupfen, einige Blättchen ganz lassen und den Rest hacken.

3 Für das Dressing den Joghurt mit Harissa und Tahini verrühren und mit etwas Salz abschmecken.

4 Das Öl in einem Wok erhitzen, die Zwiebelstreifen darin unter Rühren 3 Min. dünsten. Die Auberginenwürfel mit Küchenpapier gut trocken tupfen. Die Auberginenwürfel zu den Zwiebeln geben und unter Rühren 3 Min. braten. Paprikawürfel und gehackten Thymian zugeben und 1 Min. pfannenrühren. Alles an den Rand schieben, die Zucchinistifte in die Mitte geben und 1 Min. anbraten. Das Gemüse mischen und bei kleiner Hitze fertig garen. Die Zwiebeln und Auberginenwürfel sollten weich, die Paprika und Zucchini noch etwas knackig sein. Das Gemüse salzen und pfeffern.

5 Inzwischen die Brühe aufkochen lassen. Den Couscous mit Zimt- und Kurkumapulver mischen, mit Brühe übergießen und zugedeckt ca. 5 Min. quellen lassen.

6 Den Couscous unter das Gemüse mischen. Den Gemüse-Couscous anrichten und das Tahini-Dressing extra servieren oder darüberlöffeln. Mit Thymianblättchen bestreuen.

kürbisgemüse mit gebratenen pilzen

HERBSTLICH HERZHAFTER GENUSS

Für 2 Personen
½ Hokkaido-Kürbis (ca. 350 g Fruchtfleisch)
Salz
200 g Kartoffeln
100 g rote Zwiebeln
½ Bund glatte Petersilie
2 TL Raps- oder Distelöl
300 ml Gemüsebrühe
150 g Steinpilze oder Kräuterseitlinge
15 g Butter
schwarzer Pfeffer aus der Mühle
1 TL Zimtpulver
¼ TL Cayennepfeffer
50 g Frischkäse (16 % Fett)
Zubereitung: 45 Min.
Pro Portion: ca. 290 kcal, 10 g EW, 16 g F, 23 g KH

1 Den Kürbis putzen, dabei die Fasern und Kerne entfernen. Das Kürbisfleisch auf einem Gemüsehobel grob reiben, salzen und ca. 15 Min. ziehen lassen. Inzwischen die Kartoffeln schälen und ebenfalls grob reiben. Die Zwiebeln schälen, halbieren und in feine Würfel schneiden. Die Petersilie abbrausen und trocken schütteln, die Blätter hacken.

2 Das Öl erhitzen, die Zwiebeln darin in 5 Min. weich dünsten. Den Kürbis in ein sauberes Tuch geben und gründlich ausdrücken, dann mit den Kartoffeln mischen. Die Mischung zu den Zwiebeln geben und unter Rühren 2–3 Min. anbraten. Die Brühe zugießen, das Gemüse zugedeckt 5 Min. kochen, dann offen weitere 5 Min. köcheln lassen, bis die Flüssigkeit fast verdampft ist.

3 Inzwischen die Pilze abreiben, die erdigen Teile entfernen und die Pilze in ca. 1 cm dicke Scheiben schneiden. Eine große schwere Pfanne stark erhitzen, die Pilze darin ohne Fett anbraten, bis sie gebräunt sind und die ausgetretene Flüssigkeit verdampft ist. Die Pfanne vom Herd nehmen. Die Butter zugeben, die Pilze darin schwenken und mit Salz und Pfeffer würzen.

4 Das Kürbisgemüse mit Zimtpulver, Cayennepfeffer und Salz abschmecken. Den Frischkäse unterrühren. Das Gemüse mit den Pilzen anrichten und mit Petersilie bestreuen.

kartoffelsuppe mit krabben

APFEL UND DILL SORGEN FÜR LEICHTIGKEIT

Für 2 Personen
80 g Zwiebeln
200 g mehligkochende Kartoffeln
2 kleine Äpfel (ca. 250 g)
3 TL Olivenöl
400 ml Gemüsefond (aus dem Glas)
100 ml Milch (1,5 % Fett)
1–2 TL Wasabipaste (oder Meerrettich aus dem Glas)
Salz
grüner Pfeffer aus der Mühle
150 g Krabbenfleisch (z. B. Nordseekrabben)
1 TL TK-Dill (oder frisch gehackt)
Zubereitung: 35 Min.
Pro Portion: ca. 310 kcal, 18 g EW, 11 g F, 34 g KH

1 Zwiebeln und Kartoffeln schälen, beides in Würfel schneiden. 1 Apfel schälen, vierteln, entkernen und würfeln. Die Hälfte des Öls erhitzen, die Zwiebeln darin in 5 Min. glasig dünsten. Die Apfelwürfel zugeben und unter Rühren 2 Min. mitdünsten. Den Fond zugießen und 15–20 Min. köcheln lassen.

2 Inzwischen den übrigen Apfel waschen, abtrocknen, das Kerngehäuse entfernen und den Apfel mit Schale in hauchdünne Scheibchen hobeln. Das restliche Öl erhitzen, die Apfelscheiben portionsweise darin 3 Min. braten.

3 Die Kartoffeln pürieren, die Milch unterrühren und erwärmen. Die Suppe mit Wasabi, Salz und Pfeffer abschmecken. Die Krabben zugeben und vorsichtig erwärmen. Die Suppe mit den Apfelscheiben anrichten und mit Dill bestreuen.

rosenkohl mit medaillon

WALNUSS-CRUMBLE SORGT FÜR RAFFINESSE

Für 2 Personen
500 g Rosenkohl
100 g Zwiebeln
30 g Walnusskerne
1 TL Koriandersamen
2 TL gekörnte Gemüsebrühe
3 TL Olivenöl
2 Schweinemedaillons (à ca. 80 g, oder Kaninchenfilets)
Salz
schwarzer Pfeffer aus der Mühle
1–2 TL Sambal oelek
Zubereitung: 30 Min.
Pro Portion: ca. 320 kcal, 20 g EW, 19 g F, 9 g KH

1 Den Rosenkohl waschen und putzen. Die Zwiebeln schälen und fein würfeln. Die Walnusskerne hacken. Die Koriandersamen im Mörser zerstoßen.

2 300 ml Wasser mit der Gemüsebrühe aufkochen lassen, den Rosenkohl darin in ca. 7 Min. bissfest garen. Inzwischen 2 TL Öl in einer kleinen Pfanne erhitzen, die Zwiebeln darin in 5 Min. weich dünsten.

3 In einer zweiten Pfanne das restliche Öl erhitzen (oder neben den Zwiebeln), die Medaillons darin auf jeder Seite ca. 3 Min. braten. Salzen und pfeffern.

4 Für das Walnuss-Crumble Walnüsse und Koriander zu den Zwiebeln geben und unter Rühren 2 Min. mitbraten. Die Mischung mit Salz, Pfeffer und Sambal oelek würzen. Den Rosenkohl abgießen und mit den Medaillons anrichten. Den Rosenkohl mit dem Walnuss-Crumble bestreuen.

ROSENKOHL MIT MEDAILLON

apfel

Nicht umsonst ist das Kernobst Spitzenreiter unter den heimischen Früchten. Gelbschalig, rot geflammt oder grün, herbsäuerlich, süßaromatisch oder mürbe – er bietet nicht nur eine große Geschmacksvielfalt, sondern auch wertvolle Inhaltsstoffe. Da viele davon direkt unter der Schale sitzen: am besten Bio-Äpfel aus der Region kaufen und ungeschält genießen. Ein weiteres Plus: Er lässt sich gut lagern und vielseitig verwenden, zum Beispiel wie hier gekocht.

KARTOFFELSUPPE MIT KRABBEN

GRÜN-WEISSER BOHNENTOPF

grün-weißer bohnentopf

GANZ EINFACH, SCHÖN WÜRZIG, MACHT SATT

Für 2 Personen
100 g Zwiebeln
200 g Staudensellerie
2 grüne Chilischoten
1 Bund glatte Petersilie
300 g grüne Bohnen (tiefgefroren oder frisch)
Salz
2 TL Rapsöl
300 ml Gemüsebrühe
1 Dose weiße Bohnenkerne (250 g Abtropfgewicht)
100 g Fetakäse
schwarzer Pfeffer aus der Mühle
Zubereitung: 35 Min.
Pro Portion: ca. 410 kcal, 27 g EW, 17 g F, 39 g KH

1 Zwiebeln schälen und würfeln. Staudensellerie waschen, putzen und in 1/2 cm große Würfel schneiden. Die Chilischoten längs aufschneiden, putzen, waschen und fein hacken. Petersilie abbrausen und trocken tupfen, die Blätter hacken. Frische grüne Bohnen waschen, putzen, in mundgerechte Stücke schneiden und in einen Dämpfeinsatz geben.

2 Etwas Wasser in einem Topf aufkochen lassen, die Bohnen über Dampf in ca. 8 Min. garen, leicht salzen. TK-Bohnen nach Packungsangabe garen.

3 Inzwischen das Öl erhitzen, die Zwiebeln darin in 5 Min. glasig dünsten. Staudensellerie und Chilis zugeben und 2 Min. mitdünsten. Die Brühe zugießen, aufkochen und 2–3 Min. köcheln lassen. Die weißen Bohnenkerne in ein Sieb abgießen, abbrausen und in der Mischung erwärmen. Grüne Bohnen untermischen. Den Fetakäse darüberbröckeln. Den Eintopf zugedeckt kurz stehen lassen, bis der Käse leicht schmilzt. Mit Pfeffer würzen, mit Petersilie bestreuen.

leichtes chili con carne

KLASSIKER AUF LEICHTE ART

Für 2 Personen
80 g Zwiebeln
1–2 Knoblauchzehen
1 rote Chilischote
2 TL Olivenöl
150 g Beefsteak-Tatar
500 ml passierte Tomaten (Packung)
Salz | schwarzer Pfeffer aus der Mühle
1 EL helle Sojasauce
2–3 TL Sambal Manis (oder 1–2 TL Sambal oelek)
1 Dose Kidneybohnen (250 g Abtropfgewicht)
4 Stängel glatte Petersilie
75 g Joghurt (1,5 % Fett)
Zubereitung: 45 Min.
Pro Portion: ca. 350 kcal, 28 g EW, 10 g F, 36 g KH

1 Zwiebeln und Knoblauch schälen, beides hacken. Die Chilischote längs aufschneiden, putzen, waschen und fein würfeln.

2 Das Öl in einem Wok erhitzen, die Zwiebeln darin 3–4 Min. anbraten. Chili und Knoblauch zugeben und 1 Min. mitbraten. Das Tatar zugeben, unter Rühren krümelig und braun braten. Die Tomaten zugeben und bei mittlerer Hitze ca. 15 Min. kochen lassen, dabei öfter umrühren. Mit Salz, Pfeffer, Sojasauce und Sambal Manis kräftig abschmecken.

3 Die Kidneybohnen in ein Sieb abgießen, abbrausen und abtropfen lassen, dann in der Fleischsauce erwärmen. Inzwischen die Petersilie abbrausen und trocken schütteln, die Blätter hacken. Den Joghurt mit 1 Prise Salz glatt rühren. Chili con Carne anrichten und je einen Klecks Joghurt obendrauf geben, mit der Petersilie bestreuen.

blumenkohl-ananas-rohkost

FRUCHTIG-WÜRZIG MIT FEINEM NUSSÖL

Für 2 Personen
1 kleiner Blumenkohl (ca. 500 g)
1 Babyananas
2 Stangen Staudensellerie
1 Bio-Orange
150 g Joghurt (1,5 % Fett)
50 g Frischkäse (16 % Fett)
2 TL Haselnussöl (oder Walnussöl)
2 TL Ahornsirup
Salz | schwarzer Pfeffer aus der Mühle
Cayennepfeffer
1 TL Currypulver
25 g Haselnusskerne
½ Bund glatte Petersilie
Zubereitung: 25 Min.
Marinieren: 30 Min.
Pro Portion: ca. 340 kcal, 12 g EW, 19 g F, 31 g KH

1 Blumenkohl waschen, putzen und grob reiben. Ananas schälen, halbieren, den Strunk entfernen und das Fruchtfleisch klein würfeln. Staudensellerie waschen, putzen und klein würfeln. Alles mischen.

2 Orange heiß waschen und abtrocknen, 2 TL Schale abreiben. Für das Dressing Joghurt mit Frischkäse, Öl und Ahornsirup glatt rühren. Mit Salz, Pfeffer, Cayennepfeffer, Currypulver und 1 TL Orangenschale würzen. Das Dressing unter das Gemüse rühren. Die Rohkost zugedeckt im Kühlschrank mindestens 30 Min. ziehen lassen.

3 Haselnusskerne rösten, abkühlen lassen und die Häutchen abrubbeln. Haselnusskerne hacken. Petersilie abbrausen und trocken schütteln, die Blätter hacken. Mit Nüssen und restlicher Orangenschale mischen. Die Rohkost damit bestreuen.

rote linsen-tomaten-suppe

WÜRZIGES THAICURRY PEPPT DIE LINSEN AUF

Für 2 Personen
80 g Zwiebeln
20 g frischer Ingwer
1 Knoblauchzehe
70 g rote Linsen
2 TL Olivenöl
2 EL Tomatenmark
1–2 TL rote Thai-Currypaste
400 ml Gemüsebrühe
1 Packung Pizzatomaten (400 g)
½ Bund Koriandergrün
Salz
schwarzer Pfeffer aus der Mühle
2 TL Crème légère
Zubereitung: 45 Min.
Pro Portion: ca. 220 kcal, 12 g EW, 7 g F, 25 g KH

1 Zwiebeln, Ingwer und Knoblauch schälen und fein hacken. Die Linsen in einem Sieb abbrausen und abtropfen lassen.

2 Öl erhitzen, die Zwiebeln darin in 5 Min. glasig dünsten. Ingwer und Knoblauch zugeben und unter Rühren 1 Min. mitdünsten. Tomatenmark und Thai-Currypaste zugeben und unter Rühren 2 Min. anrösten. Linsen zufügen und 2 Min. andünsten. Die Brühe zugießen und 3 Min. köcheln lassen. Tomaten zufügen und alles zugedeckt 15–18 Min. köcheln lassen.

3 Inzwischen das Koriandergrün abbrausen und trocken schütteln, die zarten Stängel und die Blätter hacken und mischen. Die Suppe mit Salz und Pfeffer abschmecken. In tiefe Teller oder Schalen füllen und jeweils einen Klecks Crème légère obendrauf setzen und mit Koriandergrün bestreuen.

ROTE LINSEN-TOMATEN-SUPPE

wraps mit möhrenrohkost, schinken & hot orange-gomasio

TOLLES TOPPING ZUM SCHNELLEN WÜRZEN

Wraps für 2 Personen
150 g Möhren
1 EL frisch gepresster Limettensaft
150 g Magerquark
2 EL Aprikosenmarmelade
¼ TL Harissa
Salz
schwarzer Pfeffer aus der Mühle
80 g Putenbrustaufschnitt
½ Bund Koriandergrün
4 dünne arabische Fladenbrote
(à ca. 35 g; oder 2 größere)
2 EL Hot Orange-Gomasio
Zubereitung: 10 Min.
Pro Portion: ca. 400 kcal, 27 g EW, 3 g F, 67 g KH

1 Die Möhren putzen, schälen und in feine Streifen (Julienne) hobeln und mit Limettensaft beträufeln. Den Quark mit Marmelade, Harissa, Salz und Pfeffer glatt rühren. Den Putenbrustaufschnitt in feine Streifen schneiden. Das Koriandergrün abbrausen und trocken schütteln, die Blätter hacken.

2 Die Fladenbrote mit der Quarkcreme bestreichen. Die Möhren- und Aufschnittstreifen darauf verteilen. Mit je 1 EL Hot Orange-Gomasio bestreuen. Das Koriandergrün darüberstreuen. Die Fladenbrote aufrollen und bis zum Verzehr in Alufolie wickeln.

hot orange-gomasio

Für 8 EL Hot Orange-Gomasio
40 g ungeschälte Sesamsamen, 2 TL Meersalz, 4 TL getrocknete Orangenschale, 1/2 TL Chiliflakes, 30 g geschälte Sesamsamen
Pro EL: ca. 50 kcal, 2 g EW, 4 g F, 1 g KH

Die ungeschälten Sesamsamen ohne Fett unter Rühren rösten, bis es duftet. Dann abkühlen lassen. Meersalz, Orangenschale und Chiliflakes im Blitzhacker pulverisieren. Ungeschälte Sesamsamen 5–10 Sek. mitmixen. Die geschälten Sesamsamen zugeben und 1–2 Sek. mixen.

tipp **Das restliche Hot Orange-Gomasio hält sich im Schraubglas im Kühlschrank etwa 6 Wochen. Es schmeckt auf jeder Art von Rohkost, gedämpftem oder gegrilltem Gemüse oder Suppen aus Kürbis, Möhren, Pastinaken oder Quitten.**

safran-kartoffeln mit rinderfilet

EIN FEINES ESSEN, AUCH FÜR GÄSTE

Für 2 Personen
2 Rinderfilet-Medaillons (à ca. 130 g)
Salz | schwarzer Pfeffer aus der Mühle
4 TL Rapsöl | 1/4 TL Safranfäden
2 Schalotten
200 g Staudensellerie
350 g Kartoffeln | 1/2 Apfel
1/4 Bund glatte Petersilie
1/4 l Rinderbrühe oder Fond
30 g Frischkäse (16 % Fett)
Zubereitung: 55 Min.
Pro Portion: ca. 420 kcal, 35 g EW, 18 g F, 28 g KH

1 Eine kleine ofenfeste Form in den Backofen stellen. Den Ofen auf 80° vorheizen. Die Medaillons salzen und pfeffern. 2 TL Öl in einer beschichteten Pfanne erhitzen, das Fleisch darin auf jeder Seite 2 Min. braten. In die Form geben und im Ofen (Mitte, Umluft ungeeignet) in 45 Min. garen.

2 Safran zerreiben, mit 2 EL Wasser verrühren. Schalotten schälen und fein hacken. Staudensellerie waschen, putzen und würfeln. Kartoffeln und Apfel schälen und ca. 1,5 cm groß würfeln. Petersilie abbrausen und trocken tupfen, die Blätter hacken.

3 Restliches Öl erhitzen, Schalotten darin glasig dünsten. Staudensellerie, Kartoffeln und Apfel zugeben, unter Rühren 3 Min. dünsten. Mit Brühe knapp bedecken. Alles aufkochen lassen und 15–18 Min. garen, nach 10 Min. Safran unterrühren. Frischkäse unterrühren, die Kartoffeln salzen und pfeffern.

4 Fleisch herausnehmen, jedes Medaillon quer zur Faser in 3 Scheiben schneiden. Den Fleischsaft unter die Safrankartoffeln mischen. Fleisch und Kartoffeln anrichten. Mit Petersilie bestreuen.

ofengemüse mit zimt-vinaigrette

KLASSIKER-GEMÜSE RAFFINIERT GEWÜRZT

Für 2 Personen
1 1/2 EL Olivenöl
150 g rote Zwiebeln
800 g Gemüse (z. B. Pastinaken, Topinambur, Möhren, Fenchel)
Salz
schwarzer Pfeffer aus der Mühle
150 ml frisch gepresster Orangensaft
100 ml Gemüsebrühe
1 TL Akazienhonig
1/4–1/2 TL Zimtpulver
Cayennepfeffer
1/2 Bund glatte Petersilie
Zubereitung: 50 Min.
Pro Portion: ca. 260 kcal, 8 g EW, 9 g F, 36 g KH

1 Den Ofen auf 200° vorheizen. Eine ofenfeste Form mit 1/2 EL Öl auspinseln. Zwiebeln schälen und vierteln oder achteln. Gemüse putzen, schälen und in grobe Stücke schneiden. Zwiebeln und Gemüse in die Form geben, salzen und pfeffern. Im Ofen (Mitte, Umluft 180°) in 30–40 Min. garen, ab und zu wenden.

2 Orangensaft und Brühe aufkochen und auf die Hälfte einkochen lassen. Mit Honig, Salz, Pfeffer, Zimtpulver und Cayennepfeffer würzen. Restliches Öl tropfenweise unterschlagen. Petersilie abbrausen und trocken schütteln, die Blätter hacken. Das heiße Gemüse mit der Zimt-Vinaigrette mischen, mit Petersilie bestreuen.

variante Je 1 TL Bockshornkleesamen, Koriandersamen, Cuminsamen und braune Senfsamen in 2 EL Rapsöl erhitzen, bis sie knistern und duften. Das Würzöl sofort anstelle der Vinaigrette über das Gemüse geben.

fenchel

Der kalorienarme Gemüsefenchel mit dem zarten, frischen Anisgeschmack und hohem Vitamin-C-Gehalt passt gedünstet hervorragend zu Fisch oder roh zu Wintersalaten. Das Fenchelgrün am besten frisch gehackt gleich mitverwenden. Auch die Samen sind als Gewürz und Heilmittel sehr beliebt. Sie wirken krampflösend und verdauungsfördernd. Ganze oder im Mörser zerstoßene Fenchelsamen machen Kohlgerichte verträglicher. Wegen seiner anerkannten Wirkungen wurde er zur Arzneipflanze 2009 gekürt.

OFENGEMÜSE MIT ZIMT-VINAIGRETTE

SAFRAN-KARTOFFELN MIT RINDERFILET

vollkorn-risi-pisi

GÜNSTIG, GESUND UND LEICHT GEMACHT

Für 2 Personen
100 g Zwiebeln
200 g Staudensellerie
1 EL Rapsöl
150 g Naturreis
300 ml Gemüsebrühe
300 g TK-Erbsen | Salz
1 kleines Bund glatte Petersilie
30 g Parmesan (am Stück)
schwarzer Pfeffer aus der Mühle
Zubereitung: 35 Min.
Pro Portion: ca. 520 kcal, 23 g EW, 10 g F, 81 g KH

1 Die Zwiebeln schälen und fein hacken. Den Staudensellerie waschen, putzen und klein würfeln. Das Öl erhitzen, die Zwiebelwürfel darin in 5 Min. glasig dünsten. Den Staudensellerie zugeben und 2–3 Min. mitdünsten. Den Reis zugeben und unter Rühren kurz anbraten. Die Brühe zugießen und aufkochen lassen. Reis zugedeckt bei kleiner Hitze in 35 Min. oder nach Packungsangabe garen. Dann vom Herd nehmen. Den Reis zugedeckt noch 10 Min. quellen lassen.

2 Inzwischen die Erbsen nach Packungsangabe in Salzwasser garen. Die Petersilie abbrausen und trocken schütteln, die Blätter hacken. Den Parmesan fein reiben.

3 Die Erbsen in ein Sieb abgießen, abtropfen lassen und unter den Reis mischen. Den Reis salzen und pfeffern. Die Hälfte der Petersilie unterziehen. Das Risi-Pisi anrichten, mit Parmesan und restlicher Petersilie bestreuen.

tipp **Dazu passen wachsweich gekochte Eier.**

blumenkohl mit kichererbsen

INDISCH INSPIRIERTER VEGETARISCHER GENUSS

Für 2 Personen
½ TL Safranfäden
100 g Zwiebeln
½ Blumenkohl (ca. 250 g)
1 grüne Chilischote
1 Bund glatte Petersilie
1 EL Distelöl
400 ml Gemüsefond (aus dem Glas)
100 ml Kokosmilch (s. S. 136)
Salz | schwarzer Pfeffer aus der Mühle
Cayennepfeffer
1 Dose Kichererbsen (250 g Abtropfgewicht)
Zubereitung: 40 Min.
Pro Portion: ca. 480 kcal, 27 g EW, 13 g F, 61 g KH

1 Safran im Mörser zerreiben, mit 2 EL warmem Wasser verrühren. Zwiebeln schälen, halbieren und in Streifen schneiden. Blumenkohl waschen, putzen und in kleine Röschen teilen. Chilischote längs aufschneiden, putzen, waschen und fein würfeln. Die Petersilie abbrausen und trocken schütteln, die Blätter hacken.

2 Das Öl erhitzen, die Zwiebeln darin in 5 Min. glasig dünsten. Blumenkohl zugeben und unter Rühren 1–2 Min. anbraten. Fond und Safranflüssigkeit mischen, zugießen und 3–4 Min. köcheln lassen, bis der Blumenkohl bissfest ist, dabei öfter umrühren, damit sich die gelbe Farbe verteilt.

3 Gemüse herausheben, warm halten und die Garflüssigkeit stark einkochen lassen. Kokosmilch unterrühren, mit Salz, Pfeffer und Cayennepfeffer kräftig würzen. Kichererbsen in ein Sieb abgießen, abbrausen, abtropfen lassen und in der Kokos-Safran-Brühe erwärmen. Blumenkohl untermischen, alles kurz erhitzen. Mit Chili und Petersilie bestreuen.

BLUMENKOHL MIT KICHERERBSEN

FEDERLEICHTES FÜR ABENDS

So macht das Salat- und Gemüseessen richtig Spaß: als Salsa oder Carpaccio, gedämpft, geraspelt oder aus dem Wok. Und fein kombiniert mit fettarmem Hähnchenbrust-, Lamm- oder Schweinefilet. Oder mit eiweißreichem, edlem Fisch, zarten Garnelen oder mariniertem Tofu. Alles ist so bekömmlich und gut.

gurken-minze-salsa mit sanft gegartem rinderfilet

FEIN, FRISCH UND ABSOLUT GÄSTETAUGLICH

Für 2 Personen
½ Salatgurke
2 Schalotten
1 grüne Chilischote
20 Minzeblätter
2 TL Zucker
Meersalz
¼ TL getrocknete grüne Pfefferkörner
2 EL Apfel-Balsamessig (s. Tipp)
2 TL Olivenöl
1 kleine Knoblauchzehe
40 g Schmant (24 % Fett)
400 ml Kalbsfond (aus dem Glas; oder Rinderbrühe)
2 Rinderfilets (à ca. 120 g)
Zubereitung: 45 Min.
Marinieren: 2 Std.
Pro Portion: ca. 295 kcal, 30 g EW, 15 g F, 10 g KH

1 Die Gurke schälen, längs halbieren, mit einem Teelöffel entkernen und in sehr kleine Würfel schneiden. Die Schalotten schälen und sehr fein hacken. Die Chilischote längs aufschneiden, putzen, waschen und klein würfeln.

2 Die Minze abbrausen und trocken schütteln, die Blätter fein hacken, mit Zucker mischen und 5 Min. ziehen lassen. Dann mit Gurke, Schalotten und Chili verrühren. 1/2 TL Meersalz und die Pfefferkörner im Mörser grob zerdrücken, mit Essig und Öl verrühren. Mit der Gemüse-Minze-Mischung verrühren. Die Salsa im Kühlschrank 1–2 Std. ziehen lassen.

3 Den Knoblauch schälen und sehr fein hacken, mit Schmant verrühren und salzen. Den Schmant im Kühlschrank kurz ziehen lassen.

4 Den Fond in einem kleinen Topf aufkochen lassen. Die Filets salzen, in den Fond legen und knapp unter dem Siedepunkt in 12–15 Min. gar ziehen lassen. Dabei einmal wenden. Wenn die Filets auf Fingerdruck elastisch nachgeben, sind sie »medium« gegart. Die Filets herausnehmen, in Alufolie wickeln und kurz ruhen lassen. Den Fond anderweitig verwenden.

5 Die Filets mit der Salsa anrichten. Auf jedes Filet einen Klecks Knoblauch-Schmant geben.

tipp **Den Apfel-Balsamessig können Sie durch 1 EL Apfeldicksaft und 1 EL Apfelessig ersetzen.**

variante Für eine fruchtige Salsa 1 Mango, 1 rote Chilischote und 1 rote Zwiebel sehr fein würfeln und mit 2 EL gehacktem Koriandergrün mischen. 2 EL frisch gepressten Limettensaft, Salz, Pfeffer und 2 TL Nussöl zu einem Dressing verrühren. Alles gut mischen und etwas ziehen lassen

eier

Sie sind preiswert, praktisch und gesund. Sie spenden tierisches Eiweiß, Lezithin und unter anderem die Vitamine D, K und B_{12}. Ihr Ruf, dass sie den Cholesterinspiegel bei Gesunden in die Höhe treiben, ist mittlerweile wissenschaftlich entschärft. Trotzdem: zwei bis drei Eier pro Woche sind genug. Besonders wohlschmeckend sind Bio-Eier. Die erkennen Sie an der »Null« am Anfang des Erzeugercodes im Innern der Packung und auf den Eiern. Für Federleicht-Genießer gut zu wissen: Eier halten lange satt, und das mit gerade 84 Kalorien für ein 60 Gramm schweres Ei.

ZUCCHINISALAT MIT SCHINKEN

SPARGELSALAT MIT EIERN

spargelsalat mit eiern

FEINWÜRZIG MIT KERBEL UND WALNUSSÖL

Für 2 Personen
250 g grüner Spargel
250 g weißer Spargel
Salz | 1 Stück Würfelzucker
2 Schalotten
1 Bund Kerbel
1 TL Olivenöl
1 ½ EL Weißweinessig
½ EL Ahornsirup
1 EL Walnussöl
Meersalz | schwarzer Pfeffer aus der Mühle
4 kleine Eier (Größe S)
Zubereitung: 35 Min.
Pro Portion: ca. 310 kcal, 19 g EW, 21 g F, 11 g KH

1 Den Spargel schälen, die holzigen Enden entfernen, die Stangen schräg in 3 Stücke schneiden. Wasser mit Salz und Zucker aufkochen lassen. Zuerst die unteren Spargelstücke zugeben, nach 2 Min. die mittleren Stücke zufügen und nach 2–3 Min. die Spargelspitzen zugeben und 2 Min. mitgaren. Die Spargelstücke in ein Sieb abgießen und kalt abbrausen.

2 Schalotten schälen und fein würfeln. Kerbel abbrausen und trocken schütteln, einige Blätter ganz lassen und den Rest hacken. Olivenöl erhitzen, die Schalotten darin in 3 Min. glasig dünsten, mit Essig ablöschen. Ahornsirup und Walnussöl untermischen, das Dressing salzen und pfeffern. Den gehackten Kerbel unter die Vinaigrette rühren. Den Spargel auf einer Platte anrichten und mit der Vinaigrette beträufeln.

3 Die Eier in 4–5 Min. wachsweich kochen, dann pellen, halbieren und auf dem Spargel anrichten. Salzen, pfeffern und mit Kerbelblättern bestreuen.

zucchinisalat mit schinken

PREISWERTER GENUSS, GANZ LEICHT GEMACHT

Für 2 Personen
500 g Zucchini
1 Bio-Zitrone
1 EL Olivenöl
Salz
grüner Pfeffer aus der Mühle
30 g Kürbiskerne
1 kleines Bund Basilikum
200 g gekochter Schinken oder Putenbrustaufschnitt (in Scheiben)
Zubereitung: 25 Min.
Pro Portion: ca. 300 kcal, 29 g EW, 16 g F, 8 g KH

1 Die Zucchini waschen, putzen und auf dem Gemüsehobel in Stifte hobeln. Die Zitrone heiß waschen und abtrocknen, 1 TL Schale abreiben und 3 TL Saft auspressen.

2 Das Öl in einer Pfanne erhitzen, die Zucchinistifte darin unter Rühren 3 Min. braten. Die Zucchini mit Salz und Pfeffer würzen, mit dem Zitronensaft beträufeln und etwas abkühlen lassen.

3 Die Kürbiskerne in einer kleinen Pfanne ohne Fett rösten, bis sie sich etwas aufblähen. Das Basilikum abbrausen und trocken schütteln, die Blätter hacken. Den Schinken oder Putenbrustaufschnitt in breite Streifen schneiden.

4 Die lauwarmen Zucchini mit den Schinkenstreifen und der Zitronenschale mischen. Den Zucchinisalat anrichten, mit Basilikum und Kürbiskernen bestreuen und servieren.

seeteufelfilet
mit tomaten-minze-salat

VIEL GESCHMACK OHNE ALLZU GROSSEN AUFWAND

Für 2 Personen
500 g Kirschtomaten
1 grüne Chilischote
1 kleines Bund Minze
2 Frühlingszwiebeln
1 Bio-Zitrone
Meersalz
schwarzer Pfeffer aus der Mühle
1 TL Akazienhonig
2 EL Olivenöl
300 g Seeteufelfilet
2 TL Mehl
1 Knoblauchzehe
2 TL Rapsöl
10 g Butter
Zubereitung: 40 Min.
Pro Portion: ca. 335 kcal, 23 g EW, 16 g F, 14 g KH

1 Die Tomaten waschen, halbieren und dabei die Stielansätze entfernen. Die Tomaten mit einem Teelöffel entkernen und mit der Schnittfläche nach unten auf Küchenpapier abtropfen lassen.

2 Die Chilischote längs aufschneiden, putzen, waschen und würfeln. Die Minze abbrausen und trocken tupfen, große Blätter zerrupfen, die kleinen ganz lassen und beiseitelegen. Die Frühlingszwiebeln putzen, waschen und in feine Ringe schneiden. Die Zitrone heiß waschen und abtrocknen, 2 TL Schale abreiben und 1 EL Saft auspressen.

3 Die Tomatenhälften salzen und pfeffern, mit Chili, zerrupfter Minze, Frühlingszwiebeln und 1 TL Zitronenschale mischen. Den Zitronensaft mit Salz, Pfeffer und Honig verrühren und das Olivenöl unterschlagen. Die Vinaigrette über die Tomaten geben.

4 Das Fischfilet kalt waschen, mit Küchenpapier trocken tupfen und in 6 gleich große Stücke schneiden. Die Fischstücke salzen, pfeffern und in Mehl wenden. Den Knoblauch mit Schale flach klopfen. Rapsöl und Butter in einer Pfanne erhitzen, Knoblauch und Fischstücke darin bei mittlerer Hitze 1 Min. anbraten, dann bei kleiner Hitze 2–3 Min. weiterbraten. Die Fischstücke wenden und in 3–4 Min. fertig braten.

5 Den Fisch anrichten und mit der restlichen Zitronenschale bestreuen. Den Tomatensalat mit den restlichen Minzeblättern bestreuen und dazu reichen. Oder den Fisch auf dem Tomaten-Minze-Salat anrichten und mit Minze bestreuen.

gurken-carpaccio mit ingwerhähnchen & sesam

ASIATISCH LEICHT UND ANGENEHM FRISCH

Für 2 Personen
50 g frischer Ingwer
300 g Hähnchenbrustfilets
1 Salatgurke (ca. 400 g)
4 EL weißer Aceto balsamico (oder Reisessig)
Salz
1 TL Zucker
2 TL Wasabipaste (aus der Tube)
grüner Pfeffer aus der Mühle
10 g Sesamsamen
1 Bund Koriandergrün
Zubereitung: 1 Std.
Pro Portion: ca. 250 kcal, 36 g EW, 5 g F, 13 g KH

1 Den Ingwer schälen, 2 TL fein abreiben und beiseitestellen. Den Rest in dünne Scheiben schneiden und mit ca. 400 ml Wasser aufkochen und 5 Min. köcheln lassen. Inzwischen das Fleisch von Fett und Sehnen befreien, waschen, trocken tupfen, in das Ingwerwasser legen und bei kleiner Hitze in 10–12 Min. gar ziehen lassen.

2 Die Gurke schälen, längs halbieren, mit einem Teelöffel entkernen und die Hälften auf dem Gemüsehobel in hauchdünne Scheiben hobeln. Den Essig mit Salz und Zucker verrühren, bis beides gelöst ist. Wasabi und geriebenen Ingwer unterrühren, die Marinade kräftig pfeffern. Die Gurken mit der Hälfte der Marinade mischen und zugedeckt im Kühlschrank ca. 30 Min. marinieren.

3 Inzwischen die Hähnchenbrustfilets aus dem Ingwerwasser nehmen, locker in Alufolie wickeln und darin abkühlen lassen. Sesamsamen in einer kleinen Pfanne ohne Fett rösten. Koriandergrün abbrausen und trocken schütteln, die Blätter hacken. Das Fleisch aus der Folie nehmen und quer zur Faser in hauchdünne Scheiben schneiden.

4 Die Gurken auf großen Tellern anrichten, die Fleischscheiben darauf verteilen und mit der restlichen Marinade beträufeln. Mit Sesamsamen und Koriandergrün bestreuen.

tipp **Für einen Salat zum Mittagessen 80 g Reisbandnudeln nach Packungsangabe garen und kalt abbrausen. Nach Belieben klein schneiden und mit den Gurken- und Fleischscheiben mischen. Den Salat 1 Std. ziehen lassen.**

lammfilet mit raspelgemüse

RAFFINIERT MIT FRISCHER MINZ-GREMOLATA

Für 2 Personen
2 Lammfilets (à ca. 120 g)
4 TL Olivenöl
schwarzer Pfeffer aus der Mühle
4 Stängel Minze
1 Knoblauchzehe
1 Bio-Zitrone
250 g Kohlrabi
200 g Möhren
½ Bund glatte Petersilie
Kräutersalz
Zubereitung: 40 Min.
Pro Portion: ca. 280 kcal, 27 g EW, 14 g F, 12 g KH

1 Die Lammfilets von Häutchen und Fett befreien, mit 1/2 TL Öl einpinseln und pfeffern. Das Fleisch in Frischhaltefolie wickeln und ca. 20 Min. marinieren.

2 Die Minze abbrausen und trocken schütteln, die Blätter sehr fein schneiden. Knoblauch schälen und fein hacken. Zitrone heiß waschen und abtrocknen, die Schale abreiben und den Saft auspressen. Minze mit Knoblauch, je 1 TL Zitronenschale und -saft mischen und die Gremolata beiseitestellen.

3 Kohlrabi und Möhren putzen, schälen und grob reiben. Petersilie abbrausen und trocken schütteln, die Blätter hacken. 1 1/2 TL Öl erhitzen, die Filets abtupfen und darin auf jeder Seite ca. 2 Min. braten. In Alufolie wickeln und ruhen lassen.

4 Das restliche Öl erhitzen, das Gemüse darin unter Rühren in 6–8 Min. braten. Mit Kräutersalz, Pfeffer und 1–2 TL Zitronensaft würzen. Die Petersilie unterheben. Lammfilets schräg aufschneiden, auf dem Gemüse anrichten und mit Gremolata bestreuen.

mangoldgemüse mit schollenfilets

KNUSPRIGER FISCH MIT SPANNENDEM GEMÜSE

Für 2 Personen
1 Staude Mangold (ca. 500 g)
200 g Kirschtomaten
1–2 Schalotten | 10 g Pinienkerne
20 g Sultaninen
4 TL frisch gepresster Zitronensaft
Salz | 2 TL Olivenöl
schwarzer Pfeffer aus der Mühle
4 kleine Schollenfilets (ca. 300 g)
10 g Butter
Zubereitung: 40 Min.
Pro Portion: ca. 330 kcal, 31 g EW, 16 g F, 12 g KH

1 Mangold waschen und putzen. Stiele abschneiden, quer in Scheibchen schneiden. Blätter in Streifen schneiden. Tomaten waschen, halbieren und die Stielansätze entfernen. Die Tomaten entkernen, abtropfen lassen und grob würfeln. Schalotten schälen und fein würfeln. Pinienkerne ohne Fett rösten. Sultaninen mit 2 TL Zitronensaft mischen.

2 Salzwasser aufkochen lassen, die Mangoldstiele darin 2 Min. blanchieren. Mangoldblätter zugeben und weitere 2–3 Min. blanchieren, dann abgießen. Öl erhitzen, die Schalotten darin in 5 Min. glasig dünsten. Tomatenwürfel 1–2 Min. mitdünsten. Mangold zugeben und unter Rühren erhitzen. Mit Salz und Pfeffer würzen. Die Sultaninen untermischen.

3 Schollenfilets waschen, trocken tupfen, salzen und pfeffern. Butter aufschäumen lassen, die Filets darin auf jeder Seite ca. 2 Min. braten, mit restlichem Zitronensaft beträufeln. Mit Mangold anrichten und mit Pinienkernen bestreuen.

tipp **Die Schollenfilets durch knusprig auf der Haut gebratene Doradenfilets ersetzen.**

LAMMFILET MIT RASPELGEMÜSE

SOMMERSALAT MIT FETA UND MELONE

blattsalate mit avocado

DAS DRESSING MACHT DEN SALAT FRUCHTIG

Für 2 Personen
100 g gemischte Blattsalate (z. B. Baby-Leafs)
200 g Erdbeeren
½ EL weißer Aceto balsamico
1 TL Agavensirup (oder Ahornsirup)
2 TL Walnussöl
feines Meersalz
schwarzer Pfeffer aus der Mühle
Cayennepfeffer
2 TL Pinienkerne
1 kleine, reife Avocado
125 g Mozzarella
4 Stängel Basilikum
Zubereitung: 25 Min.
Pro Portion: ca. 435 kcal, 16 g EW, 36 g F, 10 g KH

1 Die Blattsalate putzen, verlesen, abbrausen, trocken schleudern und auf große Teller verteilen. Erdbeeren waschen, putzen, einige halbieren und beiseitelegen, den Rest mit dem Pürierstab fein pürieren. Essig, Agavensirup und Öl unterrühren, mit Salz, Pfeffer und Cayennepfeffer abschmecken.

2 Pinienkerne ohne Fett rösten. Avocado halbieren, vom Stein befreien, die Hälften schälen und in Spalten schneiden. Mozzarella abtropfen lassen und in Scheiben schneiden. Das Basilikum abbrausen und trocken schütteln, die Blätter abzupfen. Avocado und Mozzarella auf den Blattsalaten verteilen, leicht salzen und pfeffern. Den Salat mit dem Dressing beträufeln. Mit Erdbeerhälften und Basilikum garnieren und mit Pinienkernen bestreuen.

tipp **Die Erdbeerhälften durch einige Rispen Rote Johannisbeeren ersetzen.**

sommersalat mit feta und melone

EIN SALAT, DER NACH URLAUB SCHMECKT

Für 2 Personen
2 Köpfe Mini-Romanasalat
100 g Rucola
1 Bund Minze
1 Stück reife Wassermelone (ca. 400 g)
3 EL frisch gepresster Limettensaft
schwarzer Pfeffer aus der Mühle | Salz
2 TL Akazienhonig
2 EL Olivenöl
150 g Fetakäse
Zubereitung: 30 Min.
Pro Portion: ca. 380 kcal, 17 g EW, 25 g F, 22 g KH

1 Romanasalat und Rucola putzen, waschen und trocken schleudern, beides in Streifen schneiden. Die Minze abbrausen und trocken schütteln, kleine Blätter beiseitelegen, die größeren Blätter hacken. Romanasalat, Rucola und gehackte Minze mischen und auf Teller verteilen.

2 Von der Wassermelone nur das reife, rote Fruchtfleisch in Würfel schneiden, dabei die Kerne entfernen. Mit 1 EL Limettensaft beträufeln, den Pfeffer darüber mahlen.

3 Restlichen Limettensaft mit Salz, Pfeffer und Honig verrühren. Olivenöl unterschlagen. Den Salat mit dem Dressing beträufeln. Die Melonenstücke auf dem Salat verteilen. Fetakäse darüberbröckeln und pfeffern. Den Salat mit übriger Minze dekorieren.

variante Die Melone durch reife Aprikosen und den Feta durch Ziegen-Gouda ersetzen. Den Salat mit 2 TL gerösteten Pinienkernen bestreuen.

safran-hähnchenstreifen auf gedämpftem gemüse

OPULENT, RAFFINIERT UND GAR NICHT SCHWER

Für 2 Personen
¼ TL Safranfäden
Meersalz
50 ml frisch gepresster Orangensaft
schwarzer Pfeffer aus der Mühle
300 g Hähnchenbrustfilets
250 g grüner Spargel
250 g Brokkoli
100 g Zuckerschoten
½ Bund glatte Petersilie
1 EL Olivenöl
1 Msp. echter Fleischextrakt (s. S. 134)
Cayennepfeffer
Zubereitung: 45 Min.
Marinieren: 1 Std.
Pro Portion: ca. 260 kcal, 39 g EW, 7 g F, 6 g KH

1 Die Safranfäden mit 1 Prise Meersalz im Mörser fein zerreiben. Mit Orangensaft und Pfeffer verrühren und ca. 10 Min. ziehen lassen. Inzwischen die Hähnchenbrustfilets von Fett und Sehnen befreien, waschen, trocken tupfen und in ca. 1 cm breite Streifen schneiden. Die Streifen mit der Marinade mischen und im Kühlschrank ca. 1 Std. marinieren.

2 Inzwischen das Gemüse waschen. Den Spargel im unteren Drittel schälen, die holzigen Enden entfernen. Die Spargelstangen schräg in 3 Stücke schneiden. Den Brokkoli putzen und in Röschen teilen, die Stiele schälen und in Stifte schneiden. Die Zuckerschoten putzen und schräg halbieren. Die Petersilie abbrausen und trocken schütteln, die Blätter hacken.

3 Das Fleisch in ein Sieb geben, dabei die Marinade auffangen. Das Fleisch trocken tupfen. Öl in einer Pfanne erhitzen, das Fleisch darin in 5 Min. goldbraun anbraten, herausnehmen und warm halten. Den Bratensatz mit 100 ml Wasser ablöschen. Fleischextrakt und aufgefangene Marinade zugeben, alles aufkochen und etwas einkochen lassen.

4 Gleichzeitig in einem Wok oder großen Topf etwas Wasser aufkochen lassen. Die dickeren, unteren Spargelstücke und größeren Brokkoliröschen in einen Dämpfeinsatz geben. Zugedeckt über dem Dampf in 2 Min. garen. Spargelspitzen und kleinere Brokkoliröschen zugeben und 1 Min. dämpfen. Die Zuckerschoten zufügen und 2 Min. dämpfen.

5 Das Gemüse mit den Fleischstreifen anrichten. Die Sauce mit Salz und etwas Cayennepfeffer abschmecken und über das Fleisch träufeln. Mit Petersilie bestreuen.

BROKKOLI-CURRY-OMELETT

brokkoli-curry-omelett

INDISCH INSPIRIERT

Für 2 Personen
500 g Brokkoli
4 Eier (Größe M)
50 ml Milch (1,5 % Fett)
Salz
schwarzer Pfeffer aus der Mühle
1 Msp. Cayennepfeffer
2 TL Currypulver
2 TL Olivenöl
1 TL Cuminsamen
½ TL braune Senfsamen (Asialaden)
50 g Frischkäse (16 % Fett)
Zubereitung: 20 Min.
Pro Portion: ca. 340 kcal, 23 g EW, 23 g F, 10 g KH

1 Den Brokkoli waschen, putzen und in kleine Röschen teilen. Die Stiele schälen, von den holzigen Teilen befreien und in Scheibchen schneiden. Den Brokkoli in einen Dämpfeinsatz geben. Etwas Wasser in einem Topf aufkochen lassen. Den Brokkoli zugedeckt über dem Dampf in 4 Min. garen.

2 Inzwischen die Eier mit Milch, Salz, Pfeffer, Cayennepfeffer und Currypulver verquirlen.

3 Das Öl in einer Pfanne erhitzen. Die Cumin- und Senfsamen unter Rühren 1 Min. rösten, bis es duftet. Den Brokkoli zugeben und unter Rühren 1–2 Min. braten. Die verquirlten Eier darübergießen, den Frischkäse in Flöckchen darauf verteilen und zugedeckt bei kleiner Hitze in ca. 4 Min. stocken lassen.

paprika-chili-omelett

GANZ EINFACH

Für 2 Personen
400 g rote Paprikaschoten
2–3 gelbe Chilischoten
1 Knoblauchzehe
4 Eier (Größe M)
50 ml Mineralwasser
Salz
schwarzer Pfeffer aus der Mühle
½ TL Paprikapulver
¼ TL Cayennepfeffer
2 TL Olivenöl
½ Bund glatte Petersilie
Zubereitung: 30 Min.
Pro Portion: ca. 260 kcal, 16 g EW, 18 g F, 6 g KH

1 Die Paprikaschoten schälen, halbieren, putzen, waschen und in ca. 2 cm große Würfel schneiden. Die Chilischoten längs aufschneiden, putzen, waschen und fein hacken. Den Knoblauch schälen und fein würfeln. Die Eier mit Mineralwasser, Salz, Pfeffer, Paprikapulver und Cayennepfeffer verquirlen.

2 Öl erhitzen, Paprikawürfel darin unter gelegentlichem Rühren bei mittlerer Hitze fast weich dünsten. Knoblauch und Chili zugeben, 1 Min. mitdünsten. Die verquirlten Eier darübergießen und zugedeckt in ca. 4 Min. stocken lassen. Inzwischen die Petersilie abbrausen und trocken schütteln, die Blätter hacken. Das Omelett damit bestreuen.

riesengarnelen auf belugalinsen

EIN FEINES ESSEN, AUCH FÜR GÄSTE

Für 2 Personen
70 g Belugalinsen
2 Kaffir-Limettenblätter (Asialaden)
2 Gewürznelken
60 g Schalotten
300 g kleine, feste Zucchini
½ Bund glatte Petersilie
1 Bio-Limette
4 TL Olivenöl
Meersalz
grüner Pfeffer aus der Mühle
250 g geschälte rohe Garnelen (küchenfertig)
Zubereitung: 40 Min.
Pro Portion: ca. 325 kcal, 34 g EW, 13 g F, 19 g KH

1 Die Linsen abspülen, mit 150 ml Wasser, Kaffir-Limettenblättern und Nelken aufkochen und zugedeckt bei kleiner Hitze 25 Min. köcheln lassen.

2 Schalotten schälen, halbieren und in sehr feine Streifen schneiden. Zucchini waschen, putzen und grob reiben. Petersilie abbrausen und trocken schütteln, die Blätter hacken. Die Limette heiß waschen und abtrocknen. 1–2 TL Saft von einer Hälfte auspressen, die andere Limettenhälfte halbieren.

3 2 TL Öl erhitzen, die Schalotten darin 2–3 Min. braten. Zucchini zugeben, unter Rühren 3 Min. mitbraten. Mit Salz, Pfeffer und Limettensaft abschmecken. Linsen abgießen, abtropfen lassen und unter die Zucchini mischen. Mit Petersilie bestreuen.

4 Garnelen abbrausen und trocken tupfen. Restliches Öl erhitzen, die Garnelen darin auf jeder Seite 1 1/2–2 Min. braten, bis sie rötlich und innen leicht glasig sind. Dann salzen und pfeffern. Garnelen und Limettenstücke auf den Linsen anrichten.

zitronenfisch mit zucchini

GANZ FRISCH, GANZ LEICHT, GANZ EINFACH

Für 2 Personen
2 Tilapiafilets (frisch oder tiefgefroren; à ca. 150 g)
400 g kleine, feste Zucchini
3 Frühlingszwiebeln
1 kleines Bund glatte Petersilie
1 Bio-Zitrone
1 EL Öl
Salz
schwarzer Pfeffer aus der Mühle
10 g Butter
Zubereitung: 35 Min.
Pro Portion: ca. 260 kcal, 33 g EW, 11 g F, 5 g KH

1 TK-Fischfilets auftauen lassen. Zucchini waschen, putzen und in ca. 1 cm große Würfel schneiden. Die Frühlingszwiebeln putzen und waschen, das Weiße und Grüne getrennt in Ringe schneiden. Die Petersilie abbrausen und trocken schütteln, die Blätter hacken. Die Zitrone heiß waschen und abtrocknen, die Schale abreiben und 1 EL Saft auspressen.

2 Die Hälfte des Öls erhitzen, das Weiße der Frühlingszwiebeln darin 1–2 Min. andünsten. Die Zucchiniwürfel zugeben und unter Rühren in 4–5 Min. bissfest garen. Das Frühlingszwiebelgrün zugeben und 1–2 Min. mitdünsten. Zucchini salzen und pfeffern.

3 Fischfilets salzen und pfeffern. In einer zweiten Pfanne das restliche Öl erhitzen, die Filets darin auf jeder Seite 2–3 Min. braten. Mit Gemüse auf vorgewärmten Tellern anrichten. Die Butter in der Pfanne schmelzen lassen. Zitronensaft, Zitronenschale und Petersilie darin schwenken. Dann die Mischung über den Fisch geben.

RIESENGARNELEN AUF BELUGALINSEN

tilapiafisch

Tilapia gehört zur Familie der Buntbarsche und ist leicht und mit geringem Aufwand zu züchten. In Zeiten von überfischten Meeren sind Zuchtfische eine gute Alternative zu Wildfischen und nach neuesten Studien nicht weniger gesund. Achten Sie beim Einkauf auf Bio-Ware. Das eher weiche Fleisch der grätenfreien Filets schmeckt sehr mild. Es ist gut geeignet zum Braten, Grillen, Dünsten und sanftem Garen. Gut zu wissen: Mit 100 g Tilapiafilet nehmen Sie etwa 85 kcal, 2,4 g Fett und 15 g Eiweiß auf.

ZITRONENFISCH MIT ZUCCHINI

mediterrane putenröllchen

HERZHAFT-WÜRZIG MIT EINER PRISE MITTELMEER

Für 2 Personen

20 g getrocknete Tomaten
2 TL Salzkapern (oder eingelegte Kapern)
40 g schwarze Oliven ohne Stein
½ Bund glatte Petersilie
1 kleine rote Chilischote
1 Knoblauchzehe
4 TL Olivenöl
4 dünne, längliche Putenschnitzel (à ca. 70 g)
schwarzer Pfeffer aus der Mühle
250 g Kirschtomaten
Meersalz
2 kleine Holzspieße

Zubereitung: 45 Min.
Garen: 18 Min.
Pro Portion: ca. 300 kcal, 35 g EW, 14 g F, 2 g KH

1 Die getrockneten Tomaten würfeln, mit etwas heißem Wasser übergießen und beiseitestellen. Die Kapern gründlich abspülen und abtropfen lassen. Die Oliven hacken. Die Petersilie abbrausen und trocken schütteln, die Blätter hacken. Die Chilischote längs aufschneiden, putzen, waschen und würfeln. Den Knoblauch schälen und ebenfalls in Würfel schneiden.

2 Die eingeweichten getrockneten Tomaten abgießen und ausdrücken. Mit Kapern, der Hälfte der Oliven, der Hälfte der Petersilie, Knoblauch, Chili und 1 TL Olivenöl zu einer nicht zu feinen Paste pürieren.

3 Den Backofen auf 160° (140° Umluft) vorheizen. Die Schnitzel zwischen zwei Stücken Frischhaltefolie legen und flach klopfen. Die Schnitzel pfeffern und mit zwei Drittel der Olivenpaste bestreichen, jeweils von der schmalsten Seite aufrollen und mit einem Holzspießchen feststecken. Die Kirschtomaten abbrausen, an der Oberseite kreuzweise einschneiden und etwas auseinanderdrücken, salzen und pfeffern.

4 Eine ofenfeste Form mit 1 TL Olivenöl einfetten. Das restliche Olivenöl in einer Pfanne erhitzen, die Röllchen darin in 4–5 Min. rundum goldbraun anbraten. Die Röllchen in die Form geben, die Tomaten dazwischensetzen. Den Bratensatz mit etwas Wasser ablöschen, die restliche Olivenpaste einrühren und über die Putenröllchen träufeln. Im Backofen (Mitte) 15–18 Min. garen.

5 Die Holzspießchen entfernen. Die Röllchen quer halbieren, mit den restlichen gehackten Oliven und Petersilie bestreuen.

tipp **Dazu passt 1 kleines Stück Vollkornfladenbrot oder 1 kleine Scheibe Vollkornbaguette.**

schmorgurken-kartoffel-gemüse mit kabeljau

KLASSISCH, NORDDEUTSCHE ZUTATEN FEIN KOMBINIERT

Für 2 Personen
2 kleine Schmorgurken (ca. 600 g)
200 g Kartoffeln
100 g Zwiebeln
4 Stängel Dill
2 TL Rapsöl
Kräutersalz
¼ l Gemüsebrühe
300 g Kabeljaufilet
Salz
grüner Pfeffer aus der Mühle
1 EL Dijonsenf
60 g Frischkäse (16 % Fett)
Zubereitung: 45 Min.
Pro Portion: ca. 310 kcal, 32 g EW, 11 g F, 20 g KH

1 Die Schmorgurken schälen, längs halbieren, mit einem Teelöffel entkernen und quer in ca. 2 cm dicke Scheiben schneiden. Die Kartoffeln schälen und in ca. 1,5 cm große Würfel schneiden. Die Zwiebeln schälen und fein würfeln. Den Dill abbrausen und trocken schütteln, die Spitzen fein hacken.

2 Das Öl erhitzen, die Zwiebelwürfel darin glasig dünsten. Die Gurkenstücke zugeben, kurz mitdünsten und mit Kräutersalz würzen. Kartoffeln und Brühe zugeben. Alles aufkochen und zugedeckt bei mittlerer Hitze 10 Min. kochen lassen.

3 Inzwischen das Kabeljaufilet waschen, mit Küchenpapier trocken tupfen und die Gräten mit einer Pinzette entfernen. Das Filet in gleich große Stücke teilen. Die Stücke auf das Gurken-Kartoffel-Gemüse legen, salzen, pfeffern und zugedeckt in 6–8 Min. garen, bis die Kartoffeln weich sind und der Fisch gar und noch saftig ist. Die Segmente des Kabeljaufilets sollten sich gut voneinander lösen.

4 Fisch und Gemüse mit der Schaumkelle aus dem Sud heben und in vorgewärmte tiefe Teller geben. Den restlichen Sud bei starker Hitze 3–4 Min. einkochen lassen. Dann den Senf und Frischkäse unter den Sud rühren, mit Kräutersalz und Pfeffer abschmecken. Die Sauce über den Fisch geben, den Dill darüberstreuen.

LAMMFILET AUF GEWÜRZTOMATEN

friséesalat mit lachsfilet

MIT RAFFINIERTEM KAKI-DILL-DRESSING

Für 2 Personen
1–2 sehr reife Kaki (ca. 250 g; oder 1 große reife Sharonfrucht)
2–3 TL Dijonsenf
2–3 TL weißer Aceto balsamico
Meersalz
grüner Pfeffer aus der Mühle
2 TL Olivenöl
1 EL TK-Dill
1 Bio-Zitrone
2 Scheiben Lachsfilet (à ca. 125 g)
1 kleiner Kopf Friséesalat
Zubereitung: 35 Min.
Pro Portion: ca. 400 kcal, 27 g EW, 7 g F, 39 g KH

1 Die Kakis schälen, das Fruchtfleisch mit Senf und Essig mit dem Pürierstab fein pürieren. Das Püree salzen und pfeffern, das Öl und den Dill unterrühren.

2 Die Zitrone heiß waschen und abtrocknen. Die Schale mit dem Zestenreißer abziehen. Drei Viertel der Zitrone in dünne Scheiben schneiden und einen Dämpfeinsatz damit auslegen. Den Saft der restlichen Zitrone auspressen.

3 In einem Wok etwas Wasser aufkochen lassen. Die Lachsscheiben waschen, trocken tupfen und das bräunliche Fett entfernen. Den Lachs salzen, pfeffern, auf die Zitronenscheiben im Dämpfeinsatz legen und zugedeckt bei kleiner Hitze über dem Dampf in 6–8 Min. garen. Herausnehmen, lauwarm abkühlen lassen und mit etwas Zitronensaft beträufeln.

4 Den Salat putzen, waschen, zerpflücken, trocken schleudern und auf große Teller verteilen. Den Lachs darauflegen, mit dem Dressing beträufeln und mit Zitronenschale bestreuen.

lammfilet auf gewürztomaten

HONIG UND ZIMT PASSEN PERFEKT ZU TOMATEN

Für 2 Personen
300 g Zwiebeln | 5 TL Olivenöl
2 Lammfilets (à ca. 120 g)
8 Stängel Thymian
schwarzer Pfeffer aus der Mühle
2–3 Fleischtomaten (ca. 600 g) | Salz
1/4 TL Zimtpulver
1–2 TL Baharat (oder Ras el Hanout; s. S. 136)
2 TL Akazienhonig
Cayennepfeffer
Zubereitung: 45 Min.
Pro Portion: ca. 370 kcal, 29 g EW, 18 g F, 23 g KH

1 Die Zwiebeln schälen, halbieren und in dünne Streifen schneiden. 2 TL Öl erhitzen, die Zwiebeln darin 20–25 Min. dünsten, dabei häufig wenden.

2 Die Lammfilets von Häutchen und Fett befreien. Den Thymian abbrausen und trocken schütteln, die Hälfte der Blätter ganz lassen, den Rest fein hacken. Lammfilets mit 1 TL Öl einpinseln, pfeffern und mit gehacktem Thymian bestreuen. In Frischhaltefolie wickeln und ca. 30 Min. marinieren. Stielansätze der Tomaten entfernen. Tomaten kurz überbrühen, häuten, halbieren, entkernen und würfeln.

3 Die weichen Zwiebeln mit Salz, Pfeffer, Zimtpulver und 1 TL Baharat würzen. Den Honig zugeben und unter Rühren leicht karamellisieren lassen. Tomatenwürfel zugeben und zugedeckt ca. 10 Min. köcheln lassen. Mit Salz, Baharat und Cayennepfeffer würzen.

4 Die Lammfilets abtupfen. Das restliche Öl erhitzen, die Filets darin auf jeder Seite ca. 2 Min. braten. Herausnehmen und kurz ruhen lassen. Die Filets schräg aufschneiden, auf den Honig-Tomaten anrichten und mit Thymianblättchen bestreuen.

libanesisches huhn mit roten zwiebeln & linsen

ZWIEBELN UND MÖHREN SORGEN FÜR WÜRZE UND VOLUMEN

Für 2 Personen
200 g Hähnchenbrustfilets
1 EL frisch gepresster Limettensaft
200 g rote Zwiebeln
200 g Möhren
1 EL Olivenöl
40 g rote Linsen
¼ TL Chiliflakes
¼ l Hühnerbrühe
2 Stängel Minze
4 Stängel glatte Petersilie
150 g Joghurt (1,5 % Fett)
frisch geriebene Muskatnuss
Salz
1–2 Msp. Kardamompulver
1–2 Msp. Zimtpulver
Zubereitung: 55 Min.
Pro Portion: ca. 290 kcal, 32 g EW, 8 g F, 22 g KH

1 Das Fleisch von Fett und Sehnen befreien, waschen, trocken tupfen und in ca. 3 cm große Würfel schneiden. Mit dem Limettensaft beträufeln und zugedeckt marinieren.

2 Inzwischen die Zwiebeln schälen, halbieren und in Streifen schneiden. Die Möhren putzen, schälen und schräg in ca. 1/2 cm dicke Scheiben schneiden oder auf dem Gemüsehobel hobeln.

3 Das Öl in einer Pfanne erhitzen, die Zwiebeln darin unter Rühren 3 Min. andünsten. Die Möhren dazugeben und unter Rühren 2 Min. mitdünsten. Das Gemüse an den Pfannenrand schieben. Das Fleisch mit Küchenpapier trocken tupfen, in die Mitte der Pfanne geben und unter Rühren 2–3 Min. anbraten.

4 Linsen, Chiliflakes und Brühe zugeben, aufkochen und zugedeckt bei kleiner Hitze 18–20 Min. köcheln lassen, bis die Linsen weich, das Fleisch zart und die Möhren leicht bissfest sind.

5 Inzwischen Minze und Petersilie abbrausen und trocken schütteln, die Blätter hacken. Den Joghurt mit Muskat und etwas Salz glatt rühren.

6 Das fertige Gericht mit Kardamompulver, Zimtpulver und Salz abschmecken und anrichten. Jeweils einen Klecks Würzjoghurt obendrauf setzen. Mit gehackten Kräutern bestreuen.

radicchio

Er gehört zu den Zichoriengewächsen und enthält die meisten Bitterstoffe. Diese regen die Produktion der Gallenflüssigkeit an, fördern die Speichelbildung und Freisetzung der Verdauungssäfte, und sie sind an der Fettverbrennung beteiligt. Radicchio enthält die Vitamine B_1, B_2 und C sowie sehr viel Kalium, Kalzium und Phosphor. Ähnlich gesund sind Chicorée, Rucola, Endivie und Artischocken. Radicchio schmeckt nussig-bitter und lässt sich gut mit anderen Salat- und Gemüsesorten oder Obst mischen.

RADICCHIOSALAT MIT BIRNEN

PILZPFANNE MIT TOFU

pilzpfanne mit tofu

DIE FRUCHTIGE MARINADE PEPPT DEN TOFU AUF

Für 2 Personen
1 Bio-Zitrone
100 ml frisch gepresster Orangensaft
2 TL Dijonsenf | Cayennepfeffer
schwarzer Pfeffer aus der Mühle | Salz
200 g Tofu (naturell)
400 g Pilze (z. B. Pfifferlinge, Champignons, Kräuterseitlinge)
½ Bund glatte Petersilie
3 TL Rapsöl
Zubereitung: 35 Min.
Marinieren: 2 Std.
Pro Portion: ca. 210 kcal, 15 g EW, 14 g F, 8 g KH

1 Zitrone heiß waschen und abtrocknen, 2 TL Schale abreiben und 2 TL Saft auspressen. Zitronensaft und -schale mit Orangensaft, Senf, Cayennepfeffer, Pfeffer und Salz verrühren. Tofu ca. 1 1/2 cm groß würfeln, unter die Marinade mischen und zugedeckt im Kühlschrank mindestens 2 Std. marinieren, dabei ab und zu umrühren.

2 Pilze putzen, abreiben, von erdigen oder weichen Teilen befreien und klein schneiden. Die Petersilie abbrausen und trocken schütteln, die Blätter hacken. Den Tofu abtropfen lassen, die Marinade auffangen.

3 Eine schwere Pfanne erhitzen, die Pilze darin ohne Fett braun anbraten. 2 TL Öl zugeben, die Pfanne hin und her schwenken. Die Pilze salzen, pfeffern und in eine vorgewärmte Schüssel geben.

4 Restliches Öl in derselben Pfanne erhitzen, den Tofu darin rundum kräftig anbraten. Herausnehmen und unter die Pilze mischen. Den Bratensatz mit der Tofumarinade ablöschen, etwas einkochen lassen und über die Pilze träufeln. Mit Petersilie bestreuen.

radicchiosalat mit birne

HERBSTLICH ERGÄNZT MIT FEIGEN & NÜSSEN

Für 2 Personen
4 EL Apfelsaft
2 TL weißer Aceto balsamico
1–2 TL Dijonsenf
1 TL Akazienhonig
Salz
schwarzer Pfeffer aus der Mühle
2 EL Walnussöl
20 g Walnusskerne
1 kleiner Kopf Radicchio (ca. 80 g)
1 Birne (ca. 170 g)
2 frische Feigen
120 g Putenbrustaufschnitt (ca. 3 % Fett)
20 g Parmesan (am Stück)
Zubereitung: 20 Min.
Pro Portion: ca. 380 kcal, 20 g EW, 20 g F, 29 g KH

1 Apfelsaft mit Essig, Senf, Honig, Salz und Pfeffer verrühren. Das Öl tropfenweise unterschlagen. Die Walnusskerne in einer kleinen Pfanne ohne Fett rösten. Dann abkühlen lassen und hacken.

2 Den Radicchio putzen. Die Blätter ablösen, abbrausen, trocken schleudern und in mundgerechte Stücke zupfen. Die Birne schälen, vierteln, entkernen und in Spalten schneiden. Die Feigen abreiben, entstielen, halbieren und die Hälften in Spalten schneiden. Den Putenbrustaufschnitt eventuell in breite Streifen schneiden und locker aufrollen.

3 Den Radicchio auf Teller verteilen. Birnenspalten, Feigen und Aufschnittröllchen darauf anrichten. Mit Dressing beträufeln, mit Walnüssen bestreuen und den Parmesan in Spänen daraufgeben.

schweinefilet mit ingwerkürbis und orangen-balsamico-sauce

MILDES TRIFFT AUF FRUCHTIG-PIKANTES

Für 2 Personen

4 Schweinemedaillons (à ca. 70 g)
Salz
schwarzer Pfeffer aus der Mühle
3 TL Rapsöl
50 ml frisch gepresster Orangensaft
200 ml Rinderbrühe
15–20 g frischer Ingwer
½ kleiner Hokkaido-Kürbis (ca. 250 g Fruchtfleisch)
100 g rote Zwiebeln
½ Bund glatte Petersilie
1–2 TL Aceto balsamico
5 g kalte Butter

Zubereitung: 50 Min.

Pro Portion: ca. 315 kcal, 34 g EW, 13 g F, 15 g KH

1 Eine kleine ofenfeste Form in den Backofen stellen. Den Ofen auf 80° vorheizen. Die Medaillons trocken tupfen, salzen und pfeffern. 1 TL Öl erhitzen, die Medaillons darin auf jeder Seite 2 Min. anbraten, dann in die Form legen. Im Backofen (Mitte, Umluft ungeeignet) in 40 Min. garen.

2 Für die Sauce den Bratensatz mit dem Orangensaft und der Hälfte der Brühe ablöschen und auf die Hälfte einkochen lassen. Den Ingwer schälen und sehr klein würfeln. Den Kürbis putzen, Kerne und Fasern herauslösen, das Fruchtfleisch mit der Schale in streichholzdünne Stifte hobeln. Die Zwiebeln schälen, halbieren und in dünne Streifen schneiden. Die Petersilie abbrausen und trocken schütteln, die Blätter hacken.

3 Das restliche Öl erhitzen, Zwiebeln und Ingwer darin 5 Min. andünsten. Den Kürbis zugeben und unter Rühren 4–5 Min. braten, salzen und pfeffern. Die restliche Brühe zugießen und pfannenrühren, bis die Brühe verdampft ist. Die Petersilie untermischen.

4 Das Fleisch aus dem Backofen nehmen und warm halten. Den Fleischsaft aus der Form zur Sauce geben. Die Sauce aufkochen lassen, mit Essig, Salz und Pfeffer abschmecken. Die kalte Butter einrühren. Die Medaillons mit dem Kürbisgemüse anrichten und eventuell die Sauce darüberlöffeln und servieren.

asia-krautsalat mit steakstreifen

KLASSIKER AUF NEUE ART

Für 2 Personen
400 g Weißkohl
Salz
2 schlanke Frühlingszwiebeln
2–3 rote Chilischoten
2 Möhren
200 ml leichte Kokosmilch
(s. S. 136)
2–3 TL frisch gepresster
Limettensaft
2 TL Sesamöl
1 TL Zucker
15 g frischer Ingwer
1 Bund Koriandergrün
30 g frisches Kokosfleisch
(oder Kokoschips)
200 g Minutensteaks
10 g Butterschmalz
schwarzer Pfeffer aus der Mühle
edelsüßes Paprikapulver
Cayennepfeffer
Zubereitung: 45 Min.
Marinieren: 3 Std.
Pro Portion: ca. 440 kcal, 24 g EW, 29 g F, 18 g KH

1 Den Weißkohl putzen und den mittleren Strunk entfernen. Den Kohl auf dem Gemüsehobel in sehr feine Streifen hobeln. Die Kohlstreifen mit 1 TL Salz mischen und mit dem Kartoffelstampfer durchstampfen, bis der Kohl zart ist.

2 Die Frühlingszwiebeln putzen, waschen und in sehr feine Ringe schneiden. Die Chilischoten längs aufschneiden, putzen und waschen und fein würfeln. Die Möhren putzen, schälen und in feine Streifen (Julienne) schneiden.

3 Die Kokosmilch mit Limettensaft, Sesamöl und Zucker verrühren. Den Ingwer schälen, fein reiben und dazugeben. Mit Weißkohlstreifen, Frühlingszwiebeln, Chilis und Möhren gut vermischen und den Salat im Kühlschrank 2–3 Std. ziehen lassen.

4 Vor dem Servieren das Koriandergrün abbrausen und trocken schütteln. Einige Blätter ganz lassen, den Rest hacken und unter den Salat mischen. Von dem Kokosfleisch mit dem Sparschäler feine Streifen abziehen. Den Salat anrichten und mit Korianderblättern und Kokosspänen bestreuen.

5 Die Minutensteaks in Streifen schneiden. Das Butterschmalz erhitzen, die Streifen darin bei starker Hitze rundum braun braten. Das Fleisch herausnehmen, salzen, pfeffern und mit Paprikapulver und Cayennepfeffer bestäuben. Auf dem Salat anrichten.

tipp **Der Krautsalat schmeckt auch großartig als Sandwich. Dafür das weiche Innere aus einem Roggenbrötchen nehmen, das Brötchen mit Krautsalat und Schinkenstreifen füllen.**

hähnchensalat mit garnelen

FRISCH ERGÄNZT MIT SAFTIGER GRAPEFRUIT

Für 2 Personen
400 ml Geflügelfond (aus dem Glas)
1–2 Hähnchenbrustfilets (ca. 200 g)
1 Zitrone
1 Pink Grapefruit
200 g rohe Riesengarnelen, küchenfertig
Salz | schwarzer Pfeffer aus der Mühle
100 g Frischkäse (16 % Fett)
1 TL Agavensirup
Cayennepfeffer
2 Köpfe Mini-Romanasalat
1 Kästchen Kresse
Zubereitung: 45 Min.
Pro Portion: ca. 390 kcal, 49 g EW, 12 g F, 21 g KH

1 Den Fond aufkochen lassen. Filets von Fett und Sehnen befreien, waschen, trocken tupfen und in der Brühe in 12–15 Min. gar ziehen lassen. Den Saft der Zitrone auspressen. Die Schale mit einem scharfen Messer von der Grapefruit schneiden, dabei die weiße Haut mit entfernen. Fruchtfilets herausschneiden, dabei den Saft auffangen.

2 Das Fleisch in Alufolie wickeln und ruhen lassen. Die Brühe aufkochen lassen. Garnelen abbrausen, in der Brühe 3 Min. ziehen lassen. Herausnehmen, mit Zitronensaft beträufeln, salzen und pfeffern. Das Fleisch quer zur Faser in Scheibchen schneiden, mit Zitronensaft beträufeln, salzen und pfeffern.

3 Frischkäse mit Grapefruitsaft und Agavensirup glatt rühren. Mit Salz, Pfeffer, Cayennepfeffer würzen. Salat putzen, waschen, trocken schleudern, eventuell in Streifen schneiden und auf Teller verteilen. Fleisch, Garnelen und Grapefruitfilets daraufgeben. Dressing in Klecksen obendrauf geben. Kresse vom Beet schneiden und darüberstreuen.

gemüsemix mit tahinisauce

RAFFINIERT, ORIENTALISCH INSPIRIERT

Für 2 Personen
2 TL Sesamsamen
4–5 Stängel Thymian | Salz
1 TL Sumach (oder abgeriebene Schale von 1 Bio-Zitrone)
800 g gemischtes Gemüse (z. B. grüne Bohnen, Möhren, Brokkoli)
75 ml Gemüsebrühe
50 g Tahini (Sesampaste, Bioladen)
50 g Frischkäse (16 % Fett)
½ TL Harissa
schwarzer Pfeffer aus der Mühle
½ TL gemahlener Cumin
¼ TL Zimtpulver
Zubereitung: 40 Min.
Pro Portion: ca. 370 kcal, 15 g EW, 24 g F, 19 g KH

1 Für die Zaatar-Mischung (s. S. 137) Sesamsamen ohne Fett rösten, bis es duftet. Dann abkühlen lassen. Thymian abbrausen und trocken schütteln, die Blätter hacken. Sesamsamen mit etwas Salz im Mörser zerstoßen, mit Thymian und Sumach mischen.

2 Gemüse waschen, putzen, schälen. Bohnen halbieren, Möhren in Scheiben schneiden, Brokkoli in kleine Röschen teilen. In einem Wok oder Topf Wasser aufkochen lassen. Das Gemüse nach Sorten getrennt in einen Dämpfeinsatz geben und jeweils über dem Dampf in 4–8 Min. bissfest garen. Herausnehmen und leicht salzen.

3 Brühe erhitzen, erst Tahini unterrühren, dann den Frischkäse. Je nach gewünschter Konsistenz etwas mehr Brühe zugeben. Mit Harissa, Pfeffer, Salz, Cumin und Zimtpulver abschmecken. Das Gemüse mit Tahinisauce anrichten, mit Zaatar bestreuen.

HÄHNCHENSALAT MIT GARNELEN

tofu-pak-choi-wraps mit chilidip

GEDÄMPFTE KOHLBLÄTTER UMHÜLLEN WÜRZIGEN TOFU

Für 2 Personen
1 Bio-Limette
10 g frischer Ingwer
3 EL Sojasauce
2 TL Reisessig
½ + ¼ TL Fischsauce
1 TL Zucker
250 g Tofu (naturel)
3 EL süße Chilisauce (Asialaden)
2 EL frisch gepresster Orangensaft
Salz
2 TL Sesamsamen
½ Bund Koriandergrün
2 Stauden Pak Choi
Zubereitung: 45 Min.
Marinieren: 2 Std.
Pro Portion: ca. 200 kcal, 15 g EW, 10 g F, 12 g KH

1 Die Limette heiß waschen und abtrocknen, die Schale abreiben und 1 EL Saft auspressen. Den Ingwer schälen und fein reiben.

2 Für die Marinade die Sojasauce mit Limettensaft, Reisessig, 1/2 TL Fischsauce und Zucker verrühren, bis sich der Zucker gelöst hat. Ingwer und Limettenschale unterrühren.

3 Den Tofu zwischen zwei Lagen Küchenpapier kräftig ausdrücken, in fingerdicke Sticks schneiden und mit der Marinade begießen. Den Tofu zugedeckt im Kühlschrank mindestens 2 Std. marinieren, dabei gelegentlich wenden.

4 Für den Dip die Chilisauce mit Orangensaft, 1/4 TL Fischsauce und etwas Salz verrühren, bis sich das Salz gelöst hat. Die Sesamsamen in einer kleinen Pfanne ohne Fett rösten, bis es duftet. Dann abkühlen lassen. Den Koriander abbrausen und trocken schütteln, die Blätter fein hacken. Sesamsamen und Koriandergrün unter den Dip rühren.

5 In einem Wok oder einem Topf etwas Wasser aufkochen lassen. Die Pak-Choi-Blätter ablösen, waschen, in einen Dämpfeinsatz geben und bei kleiner Hitze über dem Dampf in 4–6 Min. garen. Herausnehmen und etwas abkühlen lassen.

6 Die Tofusticks aus der Marinade nehmen, jeden Stick in ein Pak-Choi-Blatt wickeln und mit dem Dip servieren.

radicchio mit kumquat-möhren und safran-frischkäse-dip

EIN SEHR FEINER SALAT, AUCH FÜR GÄSTE

Für 2 Personen
1 Bio-Orange
1 Msp. Safranfäden
Meersalz
¼ TL getrocknete grüne Pfefferkörner
100 g Frischkäse (16 % Fett)
1 TL Agavensirup
1 TL frisch gepresster Limettensaft
Cayennepfeffer
300 g Bundmöhren
schwarzer Pfeffer aus der Mühle
4–5 Kumquats (ca. 50 g)
1 kleiner Kopf Radicchio (80–100 g)
¼ Kästchen Brunnenkresse
150 g gekochter Schinken
Zubereitung: 25 Min.
Marinieren: 1 Std.
Pro Portion: ca. 280 kcal, 24 g EW, 11 g F, 20 g KH

1 Für den Dip die Orange heiß waschen und abtrocknen. Etwa 1 TL Schale fein abreiben, die restliche Schale mit dem Zestenreißer abziehen und beiseitestellen. Den Saft auspressen. Die Safranfäden mit 1 Prise Meersalz im Mörser fein zerreiben, mit 2 EL Orangensaft verrühren und 10 Min. ziehen lassen.

2 Den grünen Pfeffer im Mörser mittelgrob zerstoßen. Mit dem Frischkäse, Agavensirup, Limettensaft und der Safranmischung verrühren. Den Dip mit Cayennepfeffer abschmecken und 1 Std. in den Kühlschrank stellen, damit sich die Aromen entfalten können.

3 Inzwischen die Möhren putzen, schälen und auf einem Gemüsehobel schräg in dünne Scheiben hobeln. In kochendem Salzwasser 1–2 Min. blanchieren, herausnehmen, eiskalt abschrecken und abtropfen lassen. Den restlichen Orangensaft mit Meersalz und schwarzem Pfeffer würzen. Die Möhrenscheiben darin 30 Min. marinieren.

4 Inzwischen die Kumquats heiß waschen, abtrocknen und in sehr dünne Scheiben schneiden, dabei die Kerne entfernen. Den Radicchio putzen, die Blätter ablösen, waschen, trocken schleudern und in Streifen schneiden. Die Brunnenkresse abbrausen und trocken schütteln. Den Schinken in Streifen schneiden.

5 Den Radicchio auf große Teller verteilen. Die Möhren mit den Kumquatscheiben mischen und in der Mitte der Teller anrichten. Den Schinken und die Brunnenkresse daraufgeben. Den Dip mit Orangenschale bestreuen, über den Salat löffeln oder extra dazu reichen.

mango

Reife Früchte geben bei leichtem Druck etwas nach, sind hocharomatisch und sehr süß, und das bei weniger als 60 Kalorien pro 100 Gramm. Mangos haben einen hohen Gehalt an Beta-Carotin, viel Vitamin C, Folsäure, Kalium und Niacin. Die milde, säurearme Frucht bekommt auch magenempfindlichen Menschen gut. Ihr exotischer Geschmack passt zu süßen und pikanten Gerichten.
Ähnlich gesund sind Papayas und Ananas. Die Enzyme dieser Früchte helfen bei der Spaltung von Eiweißen und machen Fleisch zarter.

WINTERSALATE MIT BÜNDNER FLEISCH

PUTE MIT ZITRONEN-BROKKOLI

pute mit zitronen-brokkoli

DIE PFEFFER-GREMOLATA SORGT FÜR WÜRZE

Für 2 Personen
1 Bio-Zitrone
½ Bund glatte Petersilie
1 Knoblauchzehe
1 TL getrocknete grüne Pfefferkörner
300 g Putenschnitzel (oder 4 Kaninchenfilets à 70 g)
500 g Brokkoli
1 TL Olivenöl
10 g Butter
Salz
Zubereitung: 30 Min.
Pro Portion: ca. 270 kcal, 42 g EW, 8 g F, 6 g KH

1 Für die Gremolata die Zitrone heiß waschen und abtrocknen, 1 EL Schale abreiben und 2 EL Saft auspressen. Petersilie abbrausen und trocken schütteln, die Blätter hacken. Knoblauch schälen und sehr fein würfeln. Pfeffer im Mörser zerstoßen. Mit Zitronenschale, Petersilie und Knoblauch mischen.

2 Putenschnitzel in ca. 1 cm dicke Streifen schneiden. Brokkoli waschen, putzen und in Röschen teilen. Die Stiele schälen und je nach Größe klein schneiden. Beides in einen Dämpfeinsatz geben. Etwas Wasser in einem Topf aufkochen lassen und den Brokkoli über dem Dampf in 5–6 Min. garen.

3 Inzwischen Öl und Butter in einer Pfanne erhitzen. Die Fleischstreifen salzen und darin 5–6 Min. rundum braten. Das Fleisch herausnehmen, den Bratensatz mit Zitronensaft und 1–2 EL Wasser ablöschen. Putenstreifen und Brokkoli anrichten, mit Bratensaft beträufeln und mit der Gremolata bestreuen.

wintersalate mit bündner fleisch

MIT AROMATISCHEM MANGO-SAMBAL-DRESSING

Für 2 Personen
4 schöne Blätter Lollo rosso
1 kleiner Kopf Radicchio (80–100 g)
60 g Feldsalat
1 kleine, reife Mango (ca. 200 g Fruchtfleisch)
1 EL frisch gepresster Limettensaft
½–1 TL Sambal oelek
2 TL Walnussöl
Salz
schwarzer Pfeffer aus der Mühle
frisch geriebene Muskatnuss
220 g Bündner Fleisch (in hauchdünnen Scheiben)
Zubereitung: 20 Min.
Pro Portion: ca. 390 kcal, 9 g EW, 16 g F, 16 g KH

1 Die Salatblätter abbrausen, trocken schleudern, grob zerpflücken und zwei große Salatschalen damit auslegen. Den Radicchio putzen, die Blätter ablösen, abbrausen, trocken schleudern und in Streifen schneiden. Den Feldsalat putzen, gründlich abbrausen und trocken schleudern. Mit den Radicchiostreifen auf dem Lollo rosso verteilen.

2 Die Mango schälen, das Fruchtfleisch vom Stein schneiden und grob würfeln. Mit Limettensaft, Sambal oelek und Öl mit dem Pürierstab pürieren. Mit Salz, Pfeffer und Muskat abschmecken.

3 Das Dressing über den Salat träufeln. Das Bündner Fleisch locker zu Röllchen formen, auf dem Salat verteilen und pfeffern.

schweinefilet mit portweinsauce

EIN GERICHT ZUM VERWÖHNEN

Für 2 Personen
300 g Schweinefilet aus der Mitte
Salz | schwarzer Pfeffer aus der Mühle
1 EL Distelöl
1 Gemüsezwiebel (ca. 300 g)
4 EL Portwein
½ EL Weißweinessig
½ Vanilleschote
1 Lorbeerblatt | 75 ml Gemüsebrühe
Cayennepfeffer
Zubereitung: 25 Min.
Garen: 1 Std. 15 Min.
Pro Portion: ca. 260 kcal, 34 g EW, 8 g F, 12 g KH

1 Eine ofenfeste Form in den Ofen stellen. Den Ofen auf 80° vorheizen. Das Filet von Häuten und Sehnen befreien, salzen und pfeffern. 1/2 EL Öl erhitzen, das Filet darin in 6 Min. rundum anbraten, auch an den Enden. Im Ofen in 1 Std. 15 Min. garen.

2 Zwiebel schälen, halbieren und in feine Streifen schneiden. Übriges Öl erhitzen, Zwiebel darin glasig dünsten. Mit Portwein und Essig ablöschen. Vanilleschote längs halbieren, das Mark dazukratzen. Schote und Lorbeerblatt zugeben. Zwiebel salzen, pfeffern. Brühe zugießen und zugedeckt 1 Std. köcheln lassen.

3 Zwiebel offen köcheln lassen, bis die Flüssigkeit fast verdampft ist. Vanilleschote und Lorbeerblatt entfernen. Das Fleisch aufschneiden. Den Fleischsaft zur Zwiebel geben, mit Salz, Pfeffer und Cayennepfeffer würzen. Fleisch mit Zwiebel anrichten. Eventuell mit Petersilie bestreuen.

tipp **Dazu passt gedämpfter Brokkoli, grüner Spargel, Mangold oder Blattspinat.**

belugalinsen mit chili-orangen-tofu

EIN VEGETARISCHES ESSEN DER EXTRAKLASSE

Für 2 Personen
1 Bio-Orange
1 ½ EL Reisessig
½ TL Chiliflakes | Salz
100 g Tofu (naturel)
70 g Belugalinsen
1 Möhre (ca. 120 g)
⅓ Bund glatte Petersilie
1 Kopf Mini-Romanasalat
10 g Kürbiskerne | 2 TL Olivenöl
1 TL Kürbiskernöl (oder Walnussöl)
Zubereitung: 45 Min.
Marinieren: 2 Std.
Pro Portion: ca. 280 kcal, 16 g EW, 13 g F, 23 g KH

1 Orange heiß waschen, abtrocknen und 1 EL Schale abreiben. Übrige Schale mit einem scharfen Messer abschneiden, die weiße Haut mit entfernen. Fruchtfilets herausschneiden, den Saft auffangen. Saft mit Essig, Chiliflakes, Orangenschale und Salz verrühren. Den Tofu trocken tupfen, in ca. 1 cm große Würfel schneiden und unter die Marinade mischen. Zugedeckt 2 Std. marinieren, dabei öfter umrühren.

2 Linsen abspülen und nach Packungsangabe ohne Salz garen. Dann abgießen, salzen und lauwarm abkühlen lassen. Möhre putzen, schälen und in feine Streifen (Julienne) hobeln. Petersilie abbrausen und trocken schütteln, die Blätter hacken. Salatblätter ablösen, abbrausen und trocken schleudern. Kürbiskerne ohne Fett rösten, bis sie sich etwas aufblähen.

3 Tofu abgießen, die Marinade auffangen und mit beiden Ölsorten verrühren. Linsen mit Möhre und Tofu mischen. Die Marinade zugeben und untermischen. Orangenfilets unterheben. Die Salatblätter damit füllen, Petersilie und Kürbiskerne darüberstreuen.

SCHWEINEFILET MIT PORTWEINSAUCE

hähnchenwok mit quitten und möhren

EIN WENIG MEHR AUFWAND FÜR GROSSEN GENUSS

Für 2 Personen
150 g Hähnchenbrustfilet
50 g Schalotten
20 g frischer Ingwer
½ Bund glatte Petersilie
400 g Bundmöhren
1 Quitte (ca. 300 g)
4 TL Rapsöl
Salz
schwarzer Pfeffer aus der Mühle
½ TL Chiliflakes
1 Msp. gemahlener Piment
1 Msp. Zimtpulver
200 ml frisch gepresster Orangensaft
Zubereitung: 1 Std.
Pro Portion: ca. 310 kcal, 20 g EW, 12 g F, 28 g KH

1 Das Hähnchenbrustfilet von Fett und Sehnen befreien, waschen, mit Küchenpapier trocken tupfen. Das Fleisch zuerst quer in 2 Scheiben und dann in schmale Streifen schneiden.

2 Schalotten und Ingwer schälen, beides fein hacken. Die Petersilie abbrausen und trocken schütteln, die Blätter fein hacken. Möhren und Quitte putzen, schälen und in etwa 1 x 2 cm große Stäbchen schneiden.

3 Die Hälfte des Öls in einem Wok erhitzen. Die Fleischstreifen darin portionsweise unter Rühren rundum goldbraun anbraten. Herausnehmen, salzen und pfeffern.

4 Das restliche Öl im Wok erhitzen, die Schalotten darin unter Rühren 2–3 Min. andünsten, ohne dass sie Farbe annehmen. Den Ingwer zugeben und 1 Min. mitbraten. Die Quitte zufügen und unter Rühren 5 Min. mitbraten. Möhren, Chiliflakes, Piment und Zimtpulver zugeben und 1 Min. pfannenrühren. Den Orangensaft zugießen und alles zugedeckt bei kleiner Hitze 15 Min. köcheln lassen.

5 Die Fleischstreifen zugeben und offen 2–3 Min. köcheln lassen, bis das Gemüse gar, das Fleisch warm und die Flüssigkeit fast verkocht ist. Den Hähnchenwok nach Belieben noch einmal abschmecken, anrichten und mit der Petersilie bestreuen.

apfelsalat mit sauermilchkäse

DEFTIGES TRIFFT AUF ASIATISCHE AROMEN

Für 2 Personen
2 EL helle Sojasauce
1 EL Reisessig
2 TL Wasabipaste (aus der Tube)
schwarzer Pfeffer aus der Mühle
200 g halb reifer Harzer Käse
2 schlanke Frühlingszwiebeln
2 Äpfel (ca. 300 g)
1 Kästchen Kresse
Zubereitung: 15 Min.
Marinieren: 10 Min.
Pro Portion: ca. 230 kcal, 33 g EW, 3 g F, 16 g KH

1 Für das Dressing die Sojasauce mit Reisessig, Wasabi und Pfeffer verrühren.

2 Harzer Käse in dünne Scheiben schneiden. Die Frühlingszwiebeln putzen und waschen, das Weiße in sehr feine Scheiben und das Grüne in Ringe schneiden. Äpfel schälen, vierteln und entkernen. Die Viertel in Scheibchen schneiden, mit den Käsescheiben und dem weißen Teil der Frühlingszwiebeln mischen. Das Dressing darüberträufeln. Den Salat 10 Min. marinieren, dabei mehrfach vorsichtig umrühren.

3 Die Kresse abschneiden, abbrausen und trocken tupfen. Den Salat auf Teller oder in eine Schale häufen und mit dem Zwiebelgrün bestreuen. Die Kresse darüberstreuen oder ringförmig rundherum verteilen.

tipp **Den Salat mit 1–2 TL gerösteten Sesamsamen bestreuen und zusätzlich noch 1 TL Sesamöl unter das Dressing rühren.**

hähnchensalat mit aprikosen

RAFFINIERT KOMBINIERT, TOLL FÜR GÄSTE

Für 2 Personen
100 g getrocknete Soft-Aprikosen
150 ml frisch gepresster Orangensaft
2 Hähnchenbrustfilets (à ca. 150 g)
400 ml Gefügelfond (aus dem Glas)
1 Lorbeerblatt
4 Pimentkörner
2 Gewürznelken
Salz | grüner Pfeffer aus der Mühle
Cayennepfeffer
1 EL Weißweinessig
2 TL Olivenöl
2 Köpfe Mini-Romanasalat
2 Möhren
1 Kästchen Daikonkresse
Zubereitung: 45 Min.
Pro Portion: ca. 420 kcal, 41 g EW, 8 g F, 42 g KH

1 Die Aprikosen in Orangensaft einweichen. Die Filets von Fett und Sehnen befreien. Den Fond mit Lorbeerblatt, Piment und Nelken aufkochen lassen. Die Filets darin in 8–10 Min. gar ziehen lassen. Herausnehmen und abkühlen lassen. Die Brühe auf etwa die Hälfte einkochen lassen.

2 Aprikosen mit Orangensaft fein pürieren. Mit Salz, Pfeffer, Cayennepfeffer und Essig würzen. Öl untermixen. Etwa 100 ml Brühe zugeben und mitmixen, bis die Sauce leicht dickflüssig ist.

3 Salat putzen, zerpflücken, waschen, trocken schleudern und auf Teller verteilen. Möhren putzen, schälen und mit dem Sparschäler in dünne Streifen schneiden, auf dem Salat verteilen. Kresse abbrausen und abtropfen lassen. Die Hähnchenbrustfilets schräg in hauchdünne Scheiben schneiden und auf den Salat legen. Mit Sauce beträufeln, mit Kresse dekorieren.

APFELSALAT MIT SAUERMILCHKÄSE

brokkoli mit green gomasio und marinierten hähnchenstreifen

DIESES TOPPING BRINGT DAS GEWISSE ETWAS

Für 2 Personen
1 Bio-Zitrone
1 TL Akazienhonig
Meersalz
schwarzer Pfeffer aus der Mühle
200 g Hähnchenbrustfilets
500 g Brokkoli
2 TL Rapsöl
2 EL Green Gomasio
Zubereitung: 25 Min.
Marinieren: 1 Std.
Pro Portion: ca. 225 kcal, 28 g EW, 6 g F, 14 g KH

1 Die Zitrone heiß waschen und abtrocknen, 1 EL Schale abreiben und 2 EL Saft auspressen. Den Zitronensaft mit Honig, Salz, Pfeffer und Zitronenschale verrühren. Die Hähnchenbrustfilets von Fett und Sehnen befreien, waschen, mit Küchenpapier trocken tupfen und in Streifen schneiden. Das Fleisch unter die Marinade mischen und zugedeckt im Kühlschrank ca. 1 Std. marinieren.

2 Brokkoli waschen, putzen und in Röschen teilen. Die Stiele schälen und klein schneiden, dabei die harten Teile entfernen. Beides in einen Dämpfeinsatz geben.

3 Das Fleisch aus der Marinade nehmen, trocken tupfen. Öl im Wok oder in einer Pfanne erhitzen, das Fleisch darin portionsweise goldbraun anbraten und warm halten. Inzwischen etwas Wasser in einem Topf aufkochen lassen, den Brokkoli darin über Dampf in 5–7 Min. bissfest garen. Brokkoli und Hähnchenstreifen anrichten, je 1 EL Green Gomasio darüberstreuen.

green gomasio

Für 8 EL
40 g ungeschälte Sesamsamen, 2 TL Meersalz, 1 EL getrocknete grüne Pfefferkörner, 1 EL getrockneter Thymian, 30 g geschälte Sesamsamen
Pro EL: ca. 50 kcal, 2 g EW, 4 g F, 1 g KH

Die ungeschälten Sesamsamen ohne Fett unter Rühren rösten, bis es duftet. Dann abkühlen lassen. Meersalz, Pfeffer und die Hälfte des Thymians im Blitzhacker pulverisieren. Die ungeschälten Sesamsamen 5–10 Sek. mitmixen. Die geschälten Sesamsamen dazugeben und noch 1–2 Sek. mixen. Restlichen Thymian untermischen.

tipp **Das restliche Green Gomasio hält sich im Schraubglas im Kühlschrank etwa 6 Wochen. Es schmeckt gut auf Gurkenscheiben oder gedünstetem Gemüse.**

mango-gurken-sprossensalat mit sesam-tofu-sticks

FRISCH, FRUCHTIG, ASIATISCH UND LEICHT

Für 2 Personen
2 EL Sojasauce
1 TL Sesamöl
¼ TL Cayennepfeffer
200 g Tofu (naturel)
1 kleine, reife Mango
(ca. 200 g Fruchtfleisch)
300 g Salatgurke
Salz
1 ½ EL Reisessig
ca. ¼ TL Chiliflakes
100 g Sprossenmix
10–12 Stängel Koriandergrün
2 TL Sesamsamen
2 TL Rapsöl
Zubereitung: 40 Min.
Marinieren: 2 Std.
Pro Portion: ca. 290 kcal, 14 g EW, 17 g F, 22 g KH

1 Die Sojasauce mit Sesamöl und Cayennepfeffer verrühren. Den Tofu trocken tupfen, in kleinfingergroße Streifen schneiden und mit der Marinade beträufeln. Den Tofu zugedeckt mindestens 2 Std. marinieren, dabei gelegentlich wenden.

2 Die Mango schälen, das Fruchtfleisch vom Stein schneiden und in ca. 1 cm große Würfel schneiden. Die Gurke schälen, längs halbieren, mit einem Teelöffel entkernen und ebenfalls ca. 1 cm groß würfeln. Die Gurkenwürfel leicht salzen und mit den Mangowürfeln mischen. Den Reisessig mit Salz und Chiliflakes verrühren, über den Mango-Gurken-Mix geben und untermischen.

3 Den Sprossenmix abbrausen und abtropfen lassen. Das Koriandergrün abbrausen und trocken schütteln, die Blätter hacken. Die Sesamsamen in einer kleinen Pfanne ohne Fett rösten, bis es duftet. Dann abkühlen lassen.

4 Das Rapsöl erhitzen, die Tofusticks mit Küchenpapier trocken tupfen und im Öl von allen Seiten in 4–5 Min. hellbraun braten. Mit Sesamsamen bestreuen, den Tofu mehrfach wenden, sodass die Sesamsamen an den Sticks haften.

5 Den Sprossenmix auf große Teller oder in Schalen geben, den Mango-Gurken-Mix darauf verteilen. Die heißen Tofusticks in die Mitte geben, das Koriandergrün drum herumstreuen.

E

FEDERLEICHTE EXTRAS

Leckeres für Frühstück oder Lunch, Pausenbrote oder Brunch, Picknick oder Reiseproviant:
Lauter leichte Snacks für den großen oder kleinen Appetit – zum Mitnehmen oder gleich Genießen. Und weil viel Trinken immer gut ist, gibt es noch Rezepte für belebende heiße und erfrischende kalte Drinks.

minifrühstück & snacks

1 papaya-smoothie

Für 2 Gläser | Zubereitung: 10 Min.
Pro Glas ca. 90 kcal, 4 g EW, 1 g F, 15 g KH

1 reife Papaya schälen, entkernen und würfeln. Das Fruchtfleisch (ca. 300 g) mit 2 TL frisch gepresstem Limettensaft, je 100 ml Möhrensaft und frisch gepresstem Orangensaft und 150 g Joghurt (1,5 % Fett) in den Mixer geben und pürieren. Mit Salz, Ingwerpulver und Cayennepfeffer würzen.

2 mango-kokos-smoothie

Für 2 Gläser | Zubereitung: 10 Min.
Pro Glas: ca. 120 kcal, 1 g EW, 1 g F, 26 g KH

1 reife Mango schälen, das Fruchtfleisch vom Stein schneiden und würfeln. Mit 200 ml leichter Kokosmilch (s. S. 136), 100 ml frisch gepresstem Orangensaft, 1 TL frisch geriebenem Ingwer, 2 TL gehackter Minze und 3–4 TL frisch gepresstem Limettensaft im Mixer fein pürieren. In Gläser füllen, mit etwas Kardamom, Cayennepfeffer und Macis würzen. Den Drink mit Minzeblättern dekorieren.

3 blaubeerquark

Für 2 Personen | 10 Min. Zubereitung
Pro Portion: ca. 120 kcal, 14 g EW, 1 g F, 13 g KH

200 g Blaubeeren (ersatzweise Himbeeren, Brombeeren oder im Winter TK-Beerenmischung) abbrausen und abtropfen lassen. Drei Viertel der Beeren mit 200 g Magerquark und 1–2 EL Mineralwasser mit dem Pürierstab pürieren. Die restlichen Blaubeeren darüberstreuen und 1 EL Ahornsirup darüberträufeln. Den Quark mit Minzeblättern dekorieren.

4 mango à la bircher

Für 2 Personen
Zubereitung: 15 Min. | Quellen: 1 Std.
Pro Portion: ca. 240 kcal, 6 g EW, 10 g F, 30 g KH

30 g grobe Haferflocken und 10 g Sultaninen mit 100 ml Milch verrühren und 1 Std. quellen lassen. 1 kleine Mango schälen, das Fruchtfleisch vom Stein schneiden, würfeln (ca. 250 g Fruchtfleisch) und unter die Haferflocken mischen. 20 g Walnusskerne ohne Fett rösten, abkühlen lassen und hacken. Den Haferflocken-Mango-Mix in Schälchen anrichten und mit Walnüssen bestreuen.

5 exotischer fruchtsalat

Für 2 Personen | Zubereitung: 10 Min.
Pro Portion: ca. 340 kcal, 4 g EW, 11 g F, 54 g KH

1 kleine, reife Mango schälen, das Fruchtfleisch vom Stein schneiden und würfeln (ca. 200 g Fruchtfleisch). 3 Kiwis, 2 Sharonfrüchte und 6–7 Litschis schälen, eventuell entkernen und klein schneiden, die Früchte mischen. 10 g frischen Ingwer schälen und fein reiben. 1 TL Kokosraspel ohne Fett goldgelb rösten. 20 g Kokospulver mit 2 EL heißem Wasser glatt rühren, Ingwer und 1 EL frisch gepressten Limettensaft unterrühren. Die Früchte mit der Kokoscreme anrichten und mit den Kokosraspeln bestreuen.

6 apfelkompott mit joghurt

Für 2 Personen | Zubereitung: 25 Min.
Pro Portion: ca. 205 kcal, 3 g EW, 2 g F, 42 g KH

1 TL fein gehackten Ingwer mit 100 ml Apfelsaft in einem Topf aufkochen lassen. 500 g Äpfel schälen und klein schneiden, mit 1 EL Sultaninen in den Topf geben und zugedeckt 4–6 Min. köcheln lassen. Inzwischen 150 g Joghurt (1,5 % Fett) mit je 1 Msp. Zimtpulver, Cayennepfeffer und 2 TL Ahornsirup verrühren. Das heiße Kompott anrichten. Den kühlen Würzjoghurt obendrauf geben. Jeweils mit 1 TL Ahornsirup beträufeln und mit etwas Zimtpulver bestäuben.

6
4
1
3
2
5

2
5
3
6
1
7
4

minifrühstück & snacks

1 pikanter trinkjoghurt

Für 2 Gläser | Zubereitung: 5 Min.
Pro Glas: ca. 100 kcal, 8 g EW, 3 g F, 9 g KH

1/2 TL getrocknete Minze mit 1 Prise Meersalz und 6–8 getrockneten grünen Pfefferkörnern im Mörser fein zerstoßen. 3 Becher Joghurt à 150 g (1,5 % Fett) mit der Gewürzmischung glatt rühren. In Gläser geben und mit 150 ml Mineralwasser auffüllen. Mit Minzeblättern dekorieren.

2 orangen-kefir-drink

Für 2 Gläser | Zubereitung: 5 Min.
Pro Glas: ca. 110 kcal, 4 g EW, 4 g F, 14 g KH

200 ml Orangensaft mit 200 ml Kefir verquirlen. Mit je 1 Msp. Zimtpulver und Cayennepfeffer und 1 TL Zitronensaft würzen. In Gläser geben, mit 200–300 ml Mineralwasser aufgießen. Mit Zimtpulver bestäuben.

3 tomaten-orangen-drink

Für 2 Gläser | Zubereitung: 10 Min.
Pro Glas: ca. 80 kcal, 2 g EW, 1 g F, 15 g KH

10 Basilikumblätter sehr klein schneiden, mit 1/2 l Tomatensaft und 100 ml Orangensaft mixen. Mit 1/4 TL Harissa, Salz, Pfeffer und 2–3 TL frisch gepresstem Zitronensaft würzen und noch einmal mixen.

4 kräuterbuttermilch

Für 2 Gläser | Zubereitung: 15 Min.
Pro Glas: ca. 60 kcal, 6 g EW, 1 g F, 8 g KH

Die Blätter von je 5 Stängeln Petersilie, Thymian und Basilikum fein hacken. 100 g Gurke schälen und würfeln, mit 300 g Buttermilch pürieren. Mit Salz, grünem Pfeffer, 1–2 TL frisch gepresstem Limettensaft und 1/4 TL Wasabi nochmals mixen. In Gläser geben, mit 200 ml Mineralwasser auffüllen.

5 erdnusssüppchen

Für 2 Personen | Zubereitung: 5 Min.
Pro Portion: ca. 20 kcal, 1 g EW, 1 g F, 1 g KH

1/2 l Gemüse- oder Hühnerbrühe aufkochen lassen. 4 TL Erdnussmus mit 3 EL heißem Wasser glatt rühren und mit dem Schneebesen in die Brühe rühren. Das Süppchen mit 3–4 TL Chilisauce würzen.

6 superschnelle gazpacho

Für 2 Personen | Zubereitung: 15 Min.
Pro Portion: ca. 60 kcal, 2 g EW, 3 g F, 7 g KH

400 ml Tomatensaft mit Salz, Pfeffer, 2 TL weißem Aceto balsamico oder Zitronensaft, Cayennepfeffer und 1 TL Olivenöl verrühren. Mit Worcestersauce oder Sojasauce würzen. 100 g Gurke schälen, entkernen und sehr klein würfeln. 2 Frühlingszwiebeln putzen, in feine Ringe schneiden. 4 Kirschtomaten klein schneiden. 8–10 Basilikumblätter waschen und hacken. Das Gemüse mischen, salzen, pfeffern und in tiefe Teller geben. Den Tomatensaft drum herumgießen. Mit Basilikumblättern dekorieren.

7 ananas-sellerie-salat

Für 2 Personen | Zubereitung: 25 Min.
Pro Portion: ca. 250 kcal, 7 g EW, 6 g F, 40 g KH

1 kleine Ananas schälen, den mittleren Strunk entfernen und das Fruchtfleisch (ca. 400 g) würfeln. 2–3 Stangen Staudensellerie waschen, putzen und klein schneiden, mit den Ananaswürfeln mischen. 150 g Joghurt (1,5 % Fett) mit 1/2–1 TL Sambal oelek, 2 TL frisch gepresstem Limettensaft, 1 TL Akazienhonig, Salz und Pfeffer verrühren. Den Joghurt unter den Ananassalat mischen. 20 g Kürbiskerne ohne Fett rösten, abkühlen lassen und hacken. Den Salat anrichten und mit Kürbiskernen bestreuen.

drinks

1 schneller chai

Für 2 Drinks | Zubereitung: 10 Min.
Pro Drink: ca. 65 kcal, 2 g EW, 2 g F, 8 g KH
2 TL schwarzen Tee (Ceylon oder Assam) mit 300 ml kochend heißem Wasser überbrühen, 2–4 Min. ziehen lassen und abseihen. Mit je 1–2 Msp. Zimtpulver, Cayennepfeffer und Muskatnuss würzen, 2 TL Honig und 100 ml heiße Milch untermischen.

2 ingwerschorle

Für 2 Drinks
Zubereitung: 20 Min. | Kühlen: 30 Min.
Pro Drink: ca. 70 kcal, 0 g EW, 0 g F, 16 g KH
70–80 g frischen Ingwer schälen und in dünne Scheiben hobeln. Mit 1 l Wasser aufkochen und 10 Min. köcheln oder schneiden lassen, dann abkühlen lassen und abseihen. 200 ml Sud (der Rest hält sich im Kühlschrank 3 Tage) mit 200 ml Apfelsaft und 200 ml Mineralwasser mischen.

3 verbenen-orangen-eistee

Für 2 Drinks
Zubereitung: 15 Min. | Gefrieren und Kühlen: 4 Std.
Pro Drink: ca. 20 kcal, 0 g EW, 0 g F, 5 g KH
10 kleine Minzeblätter in eine Eiswürfelform verteilen, mit 100 ml frisch gepresstem Orangensaft aufgießen, im Tiefkühlfach gefrieren lassen. 2 EL Verbenenkraut mit 1/2 l kochend heißem Wasser überbrühen und 5–10 Min. ziehen lassen, dann abseihen, abkühlen lassen und kalt stellen. Die Orangen-Eiswürfel in hohe Gläser füllen, mit dem kalten Tee aufgießen.

4 limetten-äppler

Für 2 Drinks | Zubereitung: 5 Min.
Pro Drink: ca. 100 kcal, 0 g EW, 1 g F, 4 g KH
1 Bio-Limette heiß waschen, klein schneiden und in zwei Gläser geben. 1/4 l Apfelwein (Cidre) zugießen, mit 1/4 l Mineralwasser auffüllen.

5 melonen-melisse-drink

Für 2 Drinks | Zubereitung: 10 Min.
Pro Drink: ca. 135 kcal, 2 g EW, 1 g F, 29 g KH
600 g Wassermelone schälen, würfeln und entkernen. Die Blätter von 4 Stängeln Zitronenmelisse fein hacken, mit Melone und 200 ml frisch gepresstem Orangensaft fein pürieren. In Gläser füllen.

6 kokos-apfel-schorle

Für 2 Drinks | Zubereitung: 5 Min.
Pro Drink: ca. 110 kcal, 2 g EW, 1 g F, 22 g KH
200 ml klaren, ungesüßten Kokossaft (Bioladen) mit 200 ml Apfelsaft und 2–3 TL frisch gepresstem Limettensaft mischen und auf zwei große Gläser verteilen. Mit 200 ml Mineralwasser auffüllen.

7 gurken-minze-wasser

Für 2 Drinks
Zubereitung: 15 Min. | Kühlen: 1 Std.
Pro Drink: ca. 30 kcal, 1 g EW, 1 g F, 4 g KH
1 Salatgurke schälen, ein Viertel davon in dünne Scheiben hobeln und salzen. Den Rest halbieren, entkernen, würfeln und mit 10–12 gehackten Minzeblättchen pürieren. In einem Sieb abtropfen lassen, gut ausdrücken. Gurkensaft und Gurkenscheiben, mit 10–12 Minzeblättern mischen. Mit 300 ml stillem Mineralwasser aufgießen und 1 Std. kalt stellen.

6
7
2
1
5
3
4

3
4
1
2

zum frühstück oder lunch

1 birnen-camembert-brot

Für 2 Personen | Zubereitung: 10 Min.
Pro Portion: ca. 340 kcal, 17 g EW, 15 g F, 33 g KH

60 g Frischkäse (16 % Fett) | 1 EL Quittengelee | 2 TL Dijonsenf | Salz | Pfeffer | 2 Scheiben Roggenvollkornbrot (à ca. 40 g) | 80 g Camembert (13 % Fett absolut, s. S. 135) | 1 kleine Birne (ca. 150 g) | 1/2 Kästchen Kresse

Den Frischkäse und das Gelee zerdrücken, den Senf unterrühren, dann kräftig salzen und pfeffern. Die Brote mit der Hälfte der Creme bestreichen. Mit Camembert in dünnen Scheiben belegen und pfeffern. Die Birne waschen, eventuell schälen, halbieren, entkernen, in Spalten schneiden und auf dem Käse verteilen. Die restliche Creme daraufgeben und mit der Kresse bestreuen.

2 käsebrot mit senfcreme

Für 2 Personen | Zubereitung: 10 Min.
Pro Portion: ca. 250 kcal, 22 g EW, 7 g F, 22 g KH

1–1 1/2 TL Dijonsenf | 1 TL körniger Senf | 1 TL Honig | 60 g Frischkäse (16 % Fett) | Salz | Pfeffer | 1 Handvoll Rucola | 6 Kirschtomaten | 2 Scheiben Mehrkornbrot (à ca. 40 g) | 100 g halb reifer Harzer Käse

Beide Senfsorten mit dem Honig und Frischkäse glatt rühren, salzen und pfeffern. Den Rucola putzen, waschen, trocken schütteln und zerpflücken. Die Tomaten waschen, halbieren, salzen und pfeffern. Die Brote mit der Hälfte der Creme bestreichen. Mit der Hälfte Rucola bestreuen. Mit dem Käse in Scheiben belegen. Die restliche Creme auf den Käse streichen und mit übrigem Rucola und Tomaten belegen.

3 tofutoast mit paprika

Für 2 Personen | Zubereitung: 10 Min.
Pro Portion: ca. 240 kcal, 10 g EW, 11 g F, 24 g KH

60 g Ajvar (Fertigprodukt) | 20 g Tahini (Sesampaste, Bioladen) | 1/4 TL Harissa | Salz | Pfeffer | 1 kleine rote Paprikaschote | 2 Scheiben Vollkorntoast (à ca. 40 g) | 100 g Räuchertofu | 1–2 TL Thymianblätter

Ajvar, Tahini und Harissa verrühren, mit Salz und Pfeffer würzen. Die Paprikaschote schälen, halbieren, putzen, waschen und in schmale Streifen schneiden. Das Toastbrot toasten und mit der Hälfte der Paste bestreichen. Mit dem Tofu in Scheiben und den Paprikastreifen belegen, salzen und pfeffern. Die restliche Paste auf den Tofu streichen und mit Thymian bestreuen.

4 rühreibrot mit kapernpaste

Für 2 Personen | Zubereitung: 15 Min.
Pro Portion: ca. 215 kcal, 11 g EW, 9 g F, 21 g KH

50 g Tomatenmark | 1 EL Brühe | 1 Sardellenfilet | 2 TL Kapern | Pfeffer | 2 Eier | Salz | 2 EL Milch | 5 g Butter | 2 Scheiben Mischbrot (à ca. 40 g) | 2 EL gehackte Petersilie

Das Tomatenmark mit der Brühe oder Wasser glatt rühren. Sardellenfilet und Kapern abbrausen, fein hacken und untermischen. Die Paste pfeffern. Die Eier mit Salz, Pfeffer und Milch verschlagen. Die Butter erhitzen, die Eier darin langsam stocken lassen, dabei regelmäßig rühren. Das Rührei soll noch cremig sein. Die Brote mit Paste bestreichen, das Rührei daraufsetzen und mit Petersilie bestreuen.

5 sandwiches

1 lachsbrot mit dillquark

Für 2 Personen | Zubereitung: 10 Min.
Pro Portion: ca. 260 kcal, 21 g EW, 9 g F, 23 g KH
100 g Magerquark | 2–3 EL Apfelsaft | 1 TL Apfeldicksaft | 1–2 TL Meerrettich (Glas) | Salz | schwarzer Pfeffer | 1 EL gehackter Dill | 150 g Salatgurke | 100 g geräucherter Wildlachs | 2 Scheiben Roggenvollkornbrot (à ca. 40 g)

Quark mit Apfelsaft und Apfeldicksaft glatt rühren, mit Meerrettich, Salz, Pfeffer und etwas Dill würzen. Die Gurke schälen, in dünne Scheiben hobeln und salzen. Den Lachs zerteilen. Die Brote mit Quark bestreichen, die Lachs- und Gurkenscheiben darauflegen und kräftig pfeffern. Mit Dill bestreuen.

2 pumpernickel mit krabben

Für 2 Personen | Zubereitung: 10 Min.
Pro Portion: ca. 260 kcal, 21 g EW, 8 g F, 28 g KH
60 g Frischkäse (16 % Fett) | 1–2 EL Apfelsaft | 1 TL Wasabipaste (aus der Tube) | Salz | Pfeffer | 1/2 Apfel | 1/2 Zitrone | 2 Scheiben Pumpernickel (à ca. 40 g) | 150 g Nordseekrabben | 1/2 Kästchen Daikonkresse

Frischkäse mit Apfelsaft und Wasabi glatt rühren, salzen und pfeffern. Den Apfel waschen, mit Schale reiben und sofort untermischen. Die Zitronenhälfte schälen und in dünne Scheibchen schneiden. Pumpernickel mit Frischkäse bestreichen, mit Krabben und Zitronenscheiben belegen. Mit Kresse bestreuen.

3 hähnchen-ananas-brot

Für 2 Personen | Zubereitung: 10 Min.
Pro Portion: ca. 280 kcal, 23 g EW, 6 g F, 33 g KH
60 g Frischkäse (16 % Fett) | 1–2 EL frisch gepresster Orangensaft | 1/2 TL Currypulver | Salz | schwarzer Pfeffer | 200 g Ananas | 2 Scheiben Roggenbrot (à ca. 40 g) | 150 g Hähnchenbrustaufschnitt in dünnen Scheiben | 2 TL Schnittlauchröllchen

Frischkäse mit Orangensaft, Currypulver, Salz und Pfeffer glatt rühren. Ananas schälen, vom Strunk befreien und in Scheibchen schneiden. Die Brote mit Curry-Frischkäse bestreichen. Schichtweise mit Ananas und Hähnchenbrustaufschnitt belegen. Mit den Schnittlauchröllchen bestreuen.

4 ciabatta mit mozzarella

Für 2 Personen | Zubereitung: 10 Min.
Pro Portion: ca. 270 kcal, 16 g EW, 11 g F, 26 g KH
50 g Tomatenmark | 1 EL Orangensaft | 1/2 TL Honig | 1/4 TL Harissa, Salz | Pfeffer | 1 Msp. Zimtpulver | 1 Stück Ciabatta (ca. 80 g) | 2 EL gehacktes Basilikum | 125 g Mozzarella | 4–6 Kirschtomaten

Tomatenmark, Orangensaft, Honig glatt rühren, mit Harissa, Salz, Pfeffer und Zimtpulver würzen. Ciabatta quer halbieren, mit drei Viertel der Paste bestreichen, mit Basilikum bestreuen. Mit Mozzarella in Scheiben belegen, salzen und pfeffern. Restliche Paste in Klecksen daraufgeben. Tomaten halbieren und dazugeben.

5 avocadotoast mit sprossen

Für 2 Personen | Zubereitung: 15 Min.
Pro Portion: ca. 315 kcal, 7 g EW, 22 g F, 20 g KH
1 kleine, reife Avocado | 2 TL frisch gepresster Zitronensaft | 30 g Frischkäse (16 % Fett) | Kräutersalz | 1 grüne Chilischote (z. B. Jalapeño) | 1 TL Sesamsamen | 30 g Sprossenmix | 2 Scheiben Vollkorntoast (à ca. 40 g)

Avocado halbieren, den Stein entfernen. Das Fruchtfleisch zerdrücken, sofort mit Zitronensaft und Frischkäse mischen und salzen. Chili längs aufschneiden, putzen, waschen, klein würfeln und unterheben. Die Sesamsamen ohne Fett rösten. Sprossen abbrausen und abtropfen lassen. Die Toastscheiben toasten und die Avoadocreme daraufgeben. Mit den Sesamsamen bestreuen, die Sprossen obendrauf geben.

1
3
5
2
4

glossar

Alte Gemüsesorten

Bio- und Spitzenköche haben viele der alten Gemüsesorten neu entdeckt, zum Beispiel **Topinambur**, eine nach Artischocken schmeckende Knolle, die wie eine

Mischung aus Kartoffel und Ingwer aussieht. Wegen ihrer unregelmäßigen Form ist das Schälen etwas mühsam. Man kann sie geraspelt als Rohkost essen, aber auch gebraten oder gedämpft. Man bekommt sie von Oktober bis Mai. **Pastinaken** sehen wie große Petersilienwurzeln aus. Das cremeweiße, süßliche und sehr aromatisch-würzige, nach Liebstöckel duftende Gemüse eignet sich zum Braten, Dünsten und Schmoren, als Beilagengemüse, für Rösti oder fein püriert in Suppen.

Baharat

Baharat ist eine im Orient weitverbreitete warm-würzige, nur mäßig scharfe Gewürzmischung für Eintöpfe mit Lamm oder Geflügel, Reisgerichte und Suppen. Hauptbestandteil der Mischung ist süßes Paprikapulver, dazu kommen Zimt, Cumin, Pfeffer, Kardamom, Koriander, Muskatnuss und wenig Cayennepfeffer. Das Gewürz ist in Gewürzläden, Online-Shops oder in Orient-Supermärkten erhältlich.

Braune Senfsamen

Die dunkelbraunen kugeligen Samen sind deutlich schärfer als gelbe Senfsamen. Das Aroma ist zunächst unauffällig, es entwickelt sich erst beim Erhitzen. Der Geschmack ist herb, die Schärfe entsteht erst nach einiger Zeit, um dann lange anzuhalten. Gibt es in Gewürzläden, im Online-Shop oder Orient-Supermarkt.

Brühen

Am besten ist immer eine selbst gekochte Brühe, die nach dem Abkühlen entfettet wird. Da weiß man genau, welche Zutaten drin sind. Weil man aber nicht immer Zeit zum Kochen hat, gibt es Alternativen: **Fond** (Kalbs-, Geflügel-, Fisch- oder Gemüsefond) gibt es im 400-ml-Glas. Er schmeckt nicht so salzig, weil er meist noch eingekocht wird. Es gibt auch dickflüssige Fondkonzentrate, die in heißem Wasser gelöst werden. **Gekörnte Brühe** besteht zum großen Teil aus Salz. Dazu können Hefeextrakte, Karamell, Milchzucker, Aromen unter anderem enthalten sein. Bei Fonds, Fondkonzentraten und besonders bei gekörnter Brühe unbedingt darauf achten, dass keine künstlichen Geschmacksverstärker enthalten sind! **Echter Fleischextrakt** entsteht, wenn echte Fleischbrühe eingedampft wird. Aus 1,5 Kilogramm Fleisch wird so ein 50 Gramm schwerer, dunkelbrauner Extrakt. Eine Messerspitze genügt, um kräftigen Fleischgeschmack an das Essen zu bringen.

Dämpfen im Dämpfeinsatz

Das Dämpfen ist eine besonders schonende Methode, bei der Gemüse ohne Fett und ohne großen Vitaminverlust gegart wird. Dazu wird ein Dämpfeinsatz verwendet, zum Beispiel ein Metall-»Körbchen«, das

sich auseinanderfalten und damit der Topfgröße anpassen lässt. Man stellt es in einen Topf mit so viel kochendem Wasser, dass das eingefüllte Gemüse nicht mit dem Wasser in Berührung kommt und ausschließlich im heißen Dampf gart. Für größere Portionen Gemüse gibt es asiatische Bambuskörbchen, die in einen Wok gestellt werden.

Fettangabe bei Käse

Da Käse während der Lagerung Wasser und damit Gewicht verliert, ändert sich auch sein absoluter Fettgehalt. Da sich die Trockenmasse nicht ändert, ist diese Angabe genauer. Aber Frischkäse oder Weichkäse enthalten weniger Trockenmasse als ein Hartkäse. Um das zu errechnen, helfen diese Formeln:

Frischkäse:	Fett i. Tr. x 0,3 = abs. Fettgehalt
Weichkäse:	Fett i. Tr. x 0,5 = abs. Fettgehalt
Schnittkäse:	Fett i. Tr. x 0,6 = abs. Fettgehalt
Hartkäse:	Fett i. Tr. x 0,7 = abs. Fettgehalt

Ein Frischkäse mit 60 % Fett i. Tr. hat demnach einen absoluten Fettgehalt von 18 % und ein Weichkäse von 60 % Fett hat 30 % absolut.

Das verraten die Fettstufen:

Magerstufe	unter 10 % Fett i. Tr.
Viertelfettstufe	10–20 % Fett i. Tr.
Halbfettstufe	20–30 % Fett i. Tr.
Dreiviertelfettstufe	30–40 % Fett i. Tr.
Fettstufe	40–45 % Fett i. Tr.
Vollfettstufe	45–50 % Fett i. Tr.
Rahmstufe	50–60 % Fett i. Tr.
Doppelrahmstufe	60–87 % Fett i. Tr.

Ein Doppelrahm-Frischkäse hat demnach einen absoluten Fettgehalt von 18–25,5 % und ein Magerquark weniger als 3 % Fett absolut.

Fischsauce

Die klar-bräunliche Sauce wird in Thailand und Vietnam viel verwendet. Sie wird aus fermentierten kleinen Fischen hergestellt und riecht sehr intensiv. Der Geschmack ist angenehm würzig. Die Sauce gibt es im Asiaregal im Supermarkt.

Gomasio

Die japanische Mischung besteht aus 5–7 Teilen Sesamsamen und 1 Teil Meersalz. Die Sesamsamen werden geröstet, bis sie duften und nach dem Abkühlen mit dem Salz gemahlen oder im Mörser fein zerdrückt. Ursprüngliche Rezepte sehen schwarzen Sesam vor, Fertigprodukte bestehen meistens aus hellem, ungeschältem oder geschältem Sesam. Da fertig gemahlener Sesam schnell ranzig wird, sollte man Gomasio in kleinen Portionen frisch herstellen, oder sich eine kleine Gomasio-Mühle zulegen. Man streut die Mischung über das fertige Essen, zum Beispiel auf grüne Bohnen, Blattspinat, Mangold, Pellkartoffeln, Reis oder Salate.

Kaki/Sharonfrucht

Die aus China stammende runde bis ovale Kakifrucht schmeckt im unreifen Zustand, wenn sie noch fest und hellgelb ist, wenig aromatisch und herb. Die adstringierende Wirkung lässt mit zunehmender Reife nach: Wenn die Kaki orangerot und auch weich ist, schmeckt sie angenehm süß, wie reife Aprikosen. Die Sharonfrucht ist eine in Israel gezüchtete Kakiart. Sie hat die Form einer viereckigen Tomate, hat eine dünnere Schale und kaum Kerne. Sie enthält deutlich weniger Gerbsäure und kann deshalb auch im festen, unreifen Zustand gegessen werden.

Kräuterseitling

Die festen, würzigen, etwa 8–12 cm großen Speisepilze erinnern im Geschmack an Steinpilze und werden wie diese zubereitet. Die Pilze immer nur mit einer kleinen, weichen Bürste säubern, niemals mit Wasser.

Kumquats

Die ursprünglich aus China stammenden 3–5 cm großen runden oder ovalen Zitrusfrüchte sehen wie kleine Orangen aus. Die zarte, leicht bittere Schale kann mitgegessen werden, das Fruchtfleisch schmeckt erfrischend süßsäuerlich. Kumquats kann man roh in Obstsalaten essen oder zu Marmelade verarbeiten. Die Haupterntezeit ist von November bis März.

Leichte Kokosmilch

Die normale Kokosmilch aus der Dose variiert je nach Hersteller in ihrem Verhältnis Wasser : Kokosextrakt und damit in ihrem Kalorien- und Fettgehalt. Eine leichte Kokosmilch hat etwa 100 kcal pro 100 g und 9 g Fett. Eine cremige Kokosmilch etwa das Doppelte. Man kann für kleinere Portionen auch sehr gut Instant-Kokosmilchpulver verwenden, das aus getrocknetem Kokosfleisch durch Mahlen gewonnen wird. Die Beutel enthalten meistens 60 g. Für 200 ml Flüssigkeit reichen 20 g Pulver, das entspricht etwa 125 kcal und 9,5 g Fett.

Macis

Die leuchtend rote Macis (»Muskatblüte«) ist der Samenmantel, der den Samen des Muskatbaums, die sogenannte »Muskatnuss« umgibt. Beide werden als Gewürz verwendet. Getrocknet ist die Macis blassgelb, man kauft sie am besten schon fertig gemahlen. Sie würzt viel feiner als die Muskatnuss und wird gerne für Süßspeisen wie Kompott verwendet.

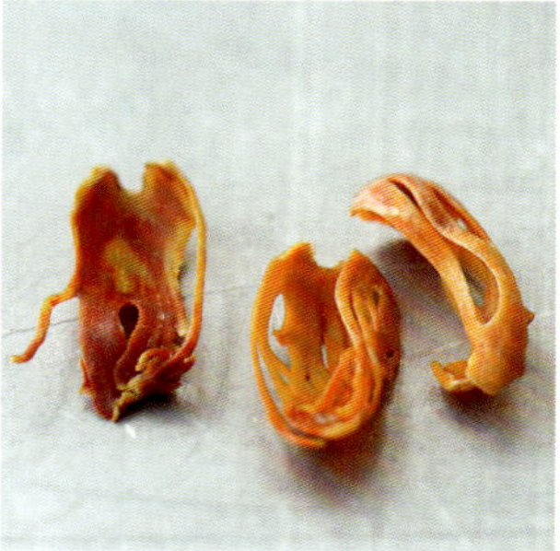

Ras el Hanout

Der marokkanische Name heißt übersetzt »das Beste im Laden« oder »Chef des Ladens«. Damit wird ausgedrückt, dass nur die ausgesuchten, besten Gewürze in diese hocharomatische Gewürzmischung kommen. Ras el Hanout kann aus bis zu 30 Zutaten bestehen, darunter Rosenblüten und Paradieskörner, und wird zum Würzen von Tahines (Eintopfgerichte), Suppen und Saucen und vor allem für Couscous verwendet.

Reisessig

Der asiatische, aus Reiswein hergestellte Essig ist deutlich milder als viele andere Essigsorten. Statt des sonst vorgeschriebenen Mindestanteils von 5 % Säure enthält Reisessig oft nur 3–4 %. Reisessig wird zum Würzen von Sushireis verwendet, passt darüber hinaus zu asiatischen Marinaden und Dressings, ganz besonders in Verbindung mit Sojasauce, Fischsauce und Sesamöl.

Sumach

Die rotbraunen Beerenfrüchte schmecken säuerlich-herb. Man bekommt sie meist gemahlen in türkischen oder orientalischen Supermärkten. Sumach ist im Vorderen Orient ein beliebtes Tischgewürz und passt besonders gut zu Hummus. Außerdem ist es Bestandteil der Gewürzmischung Zaatar (s. S. 137).

Sambal Manis

Diese Chili-Würzpaste wird aus geschmorten Zwiebeln und Chilis hergestellt, unter Zugabe von mildem Paprika, Tomatenmark und Ketjap Manis, einer indonesischen, süßen Sojasauce. Dadurch ist Sambal Manis deutlich milder als beispielsweise Sambal oelek, das aus rohen Chilis, Salz und Essig besteht.

Sauerampfer

Das vitamin-C-reiche Wildgemüse kann roh als Salat oder gekocht wie Spinat oder in einer Cremesuppe gegessen werden. Er ist auch gut zum frisch-säuerlichen Würzen von Linsen, Rührei, Omelett, Kartoffelsuppe oder Kartoffelpüree. Sauerampfer ist wichtiger Bestandteil der Frankfurter Grünen Sauce. Als Alternative kann man etwas Blattspinat oder Petersilie nehmen und zusätzlich mit frisch gepresstem Zitronensaft und Zitronenabrieb säuern.

Süßungsmittel

Alles, was süß macht, wie Zucker oder Honig, sollte in der Federleicht-Küche nur sehr sparsam verwendet werden, eher wie ein Gewürz. **Ahornsirup**, der durch Kochen eingedickte Pflanzensaft des kanadischen Ahornbaumes enthält etwa 60 % Zucker und durch das Einkochen einen karamelligen Geschmack. Die beste Qualität AA = Extra Light ist sehr hell und feinmild. A = Light ist hell und mildaromatisch. B = Medium ist mittel-bernsteinfarben und kräftig im Geschmack, C = Amber ist dunkel und sehr kräftig im Geschmack. Im Gegensatz zu Zucker enthält Ahornsirup viele Vitamine und Mineralstoffe. **Agavensirup** wird aus den inneren Teilen der Agave gewonnen. Der Sirup ist klarbernsteinfarben und hat eine feine, eher neutrale Süße, wobei die Süßkraft sehr intensiv ist, weshalb man mit deutlich weniger Sirup auskommt.

Tahini

Die ölige Paste wird aus gemahlenen Sesamsamen hergestellt. Man verwendet sie vor allem in der arabischen Küche für Sesamsauce zu Falafel, zum Anreichern von Hummus oder als Brotaufstrich. Tahini aus ungeschältem Sesam ist dunkler und herber im Geschmack als die hellere, mildere Paste aus geschälten Sesamsamen. Die Paste vor der Verwendung umrühren, weil sich das Öl an der Oberfläche absetzt.

Verbene

Aus den Blättern der Verbene (»Eisenkraut«, Verbena officinalis) lässt sich ein angenehm süßlichkrautig schmeckender Tee zubereiten. Einfach pro Tasse einen gehäuften Teelöffel Verbenenblätter mit kochend heißem Wasser überbrühen, 5 Min. ziehen lassen, dann abseihen. Stark zitronenartig im Aroma und Geschmack ist Zitronen-Verbene (Verbena citriodora).

Zaatar

Diese nussig-würzige Mischung wird in allen arabischen Küchen in vielen Variationen verwendet. Sie besteht aus gerösteten, im Mörser zerstampften Sesamsamen, Sumach, getrocknetem Thymian und Meersalz. Manchmal wird auch getrocknete Zitronenschale zugefügt. Zaatar wird über Salate, Gemüse oder Pasten gestreut, als Brotgewürz verwendet oder mit Olivenöl gemischt und mit Fladenbrot aufgedippt.

Zestenreißer und Zesten

Ein handliches Küchengerät mit einer Reihe kleiner, scharfkantiger Löcher zum Abschaben der Schale von Zitrusfrüchten in feinsten Streifen (Zesten). Wer keinen Zestenreißer hat, kann die Schale auch mit einem Sparschäler dünn abziehen, ohne die bittere weiße Haut darunter, und dann in feine Streifen schneiden.

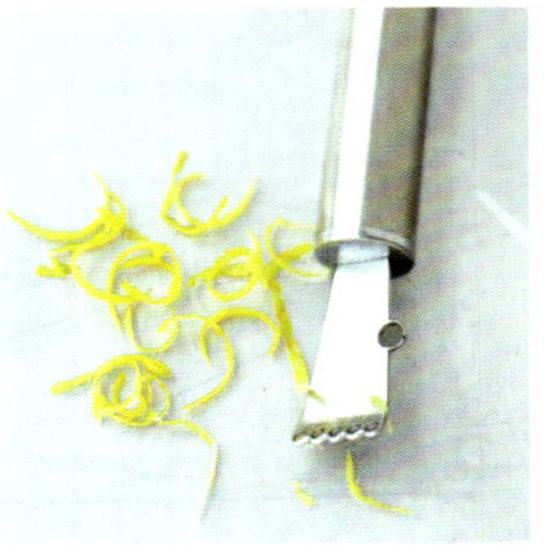

rezeptregister

bücher und adressen, die weiterhelfen

BÜCHER

Kathrin Klever-Schubert/Alexandra Endres
Der große Klever
Kalorien & Nährwerte 2010/11
Gräfe und Unzer Verlag, München 2009

Prof. Dr. I. Elmadfa/Prof. Dr. E. Muskat/
Dipl. oec. troph. D. Fritzsche
E-Nummern und Zusatzstoffe
Gräfe und Unzer Verlag, München 2009

Prof. Dr. I. Elmadfa/W. Aign/Prof. Dr. E. Muskat/
Dipl. oec. troph. D. Fritzsche
Die große GU Nährwert-Kalorien-Tabelle 2010/11
Gräfe und Unzer Verlag, München 2009

Prof. Dr. Jürgen Vormann/Christina Wiedemann
Der Lebensmittel-IQ
Genial gesund essen
Gräfe und Unzer Velrag, München 2009

...mehr von Bettina Matthaei

Bettina Matthaei
1 Salat – 50 Dressings
Gräfe und Unzer Verlag, München 2009

Bettina Matthaei/Anna Trökes
YOGA-Kochbuch
Gräfe und Unzer Verlag, München 2008

WO BEKOMMT MAN DIE ZUTATEN FÜR DIE FEDERLEICHTEN REZEPTE?

Die meisten Zutaten sind in jedem gut sortierten Supermarkt oder auf dem Wochenmarkt erhältlich. Auch die Discounter bieten inzwischen ein großes Sortiment qualitativ hochwertiger Produkte an.
Wer Wert auf Bio-Produkte legt, kauft im Naturkostladen, Bio-Supermarkt oder bei regionalen, zertifizierten Betrieben, die auch auf Wochenmärkten verkaufen.

INTERNETADRESSEN

Hier gibt es alle Arten von frischen Zutaten und Kräutern, auch exotische Zutaten:

www.gourmondo.de
www.frischeparadies.de

Hier gibt es gute Rohgewürze und aromatische Mischungen:

www.violas.de
www.1001gewuerze.de

Regionales, saisonales frisches Obst und Gemüse wird auch kistenweise angeliefert. Unter dieser Adresse kann man den Lieferbetrieb seiner Region finden:

www.bioverzeichnis.de/biofachhandel

impressum

DIE AUTORIN

Bettina Matthaei, ist als Kochbuchautorin, Foodjournalistin (Mitglied im Food Editors Club), Grafikerin und Trickfilmerin vielfach kreativ. Aus ihrer Leidenschaft für das Kochen und ganz besonders für Gewürze entstanden viele Kochbücher. »99 federleichte Genussrezepte« ist bereits ihr zehntes Kochbuch bei GU. Darüber hinaus schreibt sie Kolumnen für Zeitschriften und Internetportale, hält Vorträge und Workshops, immer mit dem Schwerpunkt auf raffiniertes und gesundes Würzen. Ihre aromatischen Gewürzmischungen kann man online bestellen (www.1001gewuerze.de). Auf ihren zahlreichen Reisen in die klassischen Gewürzländer Indien, Indonesien oder Brasilien, in die Karibik oder arabischen Länder lässt sie sich inspirieren (www.bettina-matthaei.de).

DER FOTOGRAF

Wolfgang Schardt kann seine Liebe für Essen und Trinken beruflich ausleben. In seinem Studio in Hamburg fotografiert er vor allem Food, Stills und Interieur für Magazine wie FEINSCHMECKER, für Verlage und Werbung. Unterstützt wurde er von Anne-Katrin Weber und Miriam Geyer, die für das Foodstyling und die Requisite verantwortlich waren.

BILDNACHWEIS

Titelfoto und alle anderen: Wolfgang Schardt, Hamburg

TITELBILDREZEPT

Seeteufeufelfilet mit Tomaten-Minze-Salat (S. 76)

Projektleitung: Birgit Rademacker
Lektorat: Maryna Zimdars
Korrektorat: Mischa Gallé
Umschlaggestaltung und Innenlayout: independent Medien-Design, Horst Moser, München
Herstellung: Claudia Labahn
Satz: Bernd Walser Buchproduktion, München
Reproduktion: Wahl Media GmbH, München
Druck: Firmengruppe APPL, aprinta druck, Wemding
Bindung: Firmengruppe APPL, sellier druck, Freising

Syndication:
www.jalag-syndication.de

ISBN 978-3-8338-1852-3

2. Auflage 2010

GRÄFE UND UNZER

Ein Unternehmen der
GANSKE VERLAGSGRUPPE

DAS ORIGINAL · GU · MIT GARANTIE

Unsere Garantie

Alle Informationen in diesem Ratgeber sind sorgfältig und gewissenhaft geprüft. Sollte dennoch einmal ein Fehler enthalten sein, schicken Sie uns das Buch mit dem entsprechenden Hinweis an unseren Leserservice zurück. Wir tauschen Ihnen den GU-Ratgeber gegen einen anderen zum gleichen oder ähnlichen Thema um.

Liebe Leserin und lieber Leser,

wir freuen uns, dass Sie sich für ein GU-Buch entschieden haben. Mit Ihrem Kauf setzen Sie auf die Qualität, Kompetenz und Aktualität unserer Ratgeber. Dafür sagen wir Danke! Wir wollen als führender Ratgeberverlag noch besser werden. Daher ist uns Ihre Meinung wichtig. Bitte senden Sie uns Ihre Anregungen, Ihre Kritik oder Ihr Lob zu unseren Büchern. Haben Sie Fragen oder benötigen Sie weiteren Rat zum Thema? Wir freuen uns auf Ihre Nachricht!

Wir sind für Sie da!
Montag - Donnerstag: 8.00 – 18.00 Uhr;
Freitag: 8.00 – 16.00 Uhr
Tel.: 0180 - 5 00 50 54*
Fax: 0180 - 5 01 20 54*
E-Mail:
leserservice@graefe-und-unzer.de

*(0,14 €/Min. aus dem dt. Festnetz/ Mobilfunkpreise können abweichen)

P.S.: Wollen Sie noch mehr Aktuelles von GU wissen, dann abonnieren Sie doch unseren kostenlosen GU-Online-Newsletter und/oder unsere kostenlosen Kundenmagazine.

GRÄFE UND UNZER VERLAG
Leserservice
Postfach 86 03 13
81630 München